能源经济制高点系列丛书

石油简史
从科技进步到改变世界
（第二版）

Oil
A Beginner's Guide 2nd edition

[加] 瓦茨拉夫·斯米尔 / 著
Vaclav Smil
李文远 / 译

石油工业出版社

内 容 提 要

本书从经济、社会和政治角度介绍了石油的发展史，讨论了人类在石油勘探、生产、运输、提炼和销售中遇到的无数问题。深度揭秘了石油从被发现到改变世界，所伴随着它、围绕着它的那些争论。

图书在版编目（CIP）数据

石油简史：从科技进步到改变世界：第二版/（加）瓦茨拉夫·斯米尔（Vaclav Smil）著；李文远译. -- 北京：石油工业出版社，2020.1
ISBN 978-7-5183-3691-3

Ⅰ. ①石… Ⅱ. ①瓦… ②李… Ⅲ. ①石油工业—工业史—世界 Ⅳ. ①F416.22

中国版本图书馆 CIP 数据核字（2019）第 273214 号

Oil: A Beginner's Guide, 2nd Edition by Vaclav Smil
Copyright © Vaclav Smil 2008, 2017
Original English language edition published by Oneworld Publications
Simplified Chinese edition Copyright © 2019 by Grand China Publishing House
This translation of *Oil: A Beginner's Guide, 2nd Edition* is published by Grand China Publishing House in association with Petroleum Industry Press by arrangement with Oneworld Publications through Bardon Chinese Media Agency.

本书简体中文版通过 Grand China Publishing House（中资出版社）授权石油工业出版社在中国大陆地区出版并独家发行。未经出版者书面许可，本书的任何部分不得以任何方式抄袭、节录或翻印。

北京市版权局著作权合同登记号：01-2019-7620

石油简史（第二版）

［加］瓦茨拉夫·斯米尔　著　李文远　译

出版发行：石油工业出版社
　　　　　（北京市朝阳区安华里二区 1 号楼 100011）
网　　址：http：//www.petropub.com
编 辑 部：(010)64523766　图书营销中心：(010)64523633
经　　销：全国新华书店
印　　刷：深圳市雅佳图印刷有限公司

2020 年 1 月第 1 版　2020 年 1 月第 1 次印刷
710×1000 毫米　　开本：1/16　印张：16
字数：190 千字

定　价：59.00 元
（如发现印装质量问题，我社图书营销中心负责调换）
版权所有，翻印必究

致中国读者的信

敬爱的中国朋友们！非常荣幸《石油简史》一书能够有机会与中国读者见面！

作为一名科学家，我总是在努力拓展我们的知识，提高我们对复杂现实的理解，但成功的前提在于你们——作品的读者们。当然，对于一本书来说，世界上没有哪个地方拥有比中国更加庞大的潜在读者群。毋庸置疑，图书的时代没有结束，然而人们当下花在移动手机上的时间以及在社交媒体上对琐碎事物的追逐，不可避免地减少了平均阅读时间。正因如此，我希望读完这本书，你们能够更加了解全球能源利用的其他方面，以及它在经济发展和环境变化中所扮演的角色，并且阅读更多的书！

向你们致以最美好的祝愿。

Václav Smil

权威推荐

比尔·盖茨（Bill Gates）
微软公司创始人
连续 13 年蝉联《福布斯》全球富翁榜首富
　　从来没有哪位作家的书能像瓦茨拉夫·斯米尔的一样让我期待。

彼得·奥德尔（Peter Odell）
2006 年欧佩克奖得主
鹿特丹伊拉斯谟大学国际能源研究荣誉退休教授
　　这是一本信息准确、可读性很强的书，精彩地介绍了理解复杂的全球石油系统所需要的全部知识。

杰弗里·D. 萨克斯（Jeffrey D. Sachs）
哥伦比亚大学地球研究所所长，畅销书《终结贫困》作者
　　斯米尔博学的大脑是出了名的百科全书。

克里斯·莫特谢德（Chris Mottershead）
英国石油公司能源与环境高级顾问
伦敦碳信托基金（Carbon Trust）董事

棒极了。斯米尔又一次做到了这一点，他写了一本书，令我们都得以从中获得新的见解。这一次他解释了石油生产、消费及其对社会的更广泛影响。

《好书指南》，2008年5月

斯米尔以流畅的文笔、轻松的风格深入研究了石油的世界：从它在地面上的发现，到它对加油站价格的影响，再到它对未来几代人的影响。

作者简介

瓦茨拉夫·斯米尔出生于1943年12月9日,捷克裔加拿大科学家、政策分析师和科普作家。在布拉格查尔斯大学的自然科学学院完成了学士学位后,于1969年移民美国,并在宾夕法尼亚州立大学的地球与矿物科学学院取得了地理学博士学位后。1972年,瓦茨拉夫·斯米尔接受了加拿大马尼托巴大学的教职,在那里工作直至退休。现任马尼托巴大学环境学院的荣誉教授。

2000年,瓦茨拉夫·斯米尔当选加拿大皇家科学院院士,被美国科学促进会授予科学和技术公众普及奖,他是第一个荣获这一殊荣的非美籍人士。2010年,他被世界上最有影响力的国际时事刊物之一、美国政治学"泰斗"亨廷顿创立的《外交政策》评选为"全球百位思想家"之一。2013年,瓦茨拉夫·斯米尔被加拿大总督授予加拿大勋章,并在当年秋季成为柏林美国学院的访问学者。瓦茨拉夫·斯米尔曾被美国、加拿大、欧洲、亚洲和非洲的400多场会议及研习会邀请发言,还曾在北美、欧洲和东亚多所大学授课。

在全世界无数专精于某一学科的知识分子中间，瓦茨拉夫·斯米尔是一位拥有雄心壮志的通才。他勇于冒险，著作等身，其近 40 部作品所研究的问题都是对全球构成巨大挑战的话题，包括未来能源、粮食生产和工业制造。他的阐述巨细靡遗，所使用的材料极为丰富，善于借助海量数据得出基本事实。他非常关注美国与世界面临的问题，并且在挖掘了大量信息之后指出，美国制造业的衰败将带来智力和创造力上的双重衰退，因为创新能力与产品制造密切相关。

瓦茨拉夫·斯米尔在世界各地拥有众多读者和仰慕者，微软公司联合创始人之一的比尔·盖茨就是其中一位，他几乎阅读了斯米尔的所有著作，并在 2017 年写道："我对斯米尔新书的期待，就像一些影迷对于下一部《星球大战》的期待一样。"瓦茨拉夫·斯米尔的另一位著名拥趸是 Facebook 首席执行官马克·扎克伯格。为了实现"连接世界各地的人们"的愿望，扎克伯格创办了一家名为"A Year of Books"的读书俱乐部。他在 2016 年公布的"每个人必读的 23 本书"书单中推荐了斯米尔的《能源》，同时表示会读完这位作者的另一本书《创建现代世界》。

瓦茨拉夫·斯米尔的妻子伊娃是一位物理学家，他的儿子大卫则是一位有机化学家。

目录

引言
改变世界的"黑物质" 1

第一部分
石油之益,石油之殇 5

第1章
工业之血与现代文明 8

车轮上的国家:从美国到中国 8
航空"英雄"——柴油 16
被"吃"掉的液体燃料 22

第2章
铁打的市场,流水的寡头 27

能源危机背后的欧佩克 27
洛克菲勒、"七姐妹"和国营石油公司 33

第 3 章
"上天给人类的诅咒" 46

从伊拉克到伊朗：石油打造的火药桶？ 46
社会成本并非想算就能算 56

第二部分
石油政治下的油田之谜 63

第 4 章
地层底下知多少 67

原油不是化合物，而是复杂的混合物 67
动植物遗骸的产物 72

第 5 章
大型产油区如何诞生？ 82

商业化开采也有地质要求 82
谁造就了石油霸主——中东？ 92

第三部分
寻找黑金 97

第 6 章
地球物理学的贡献 100

地震波与油矿勘探 100
从人工到智能：钻井的历史 108

第 7 章
超大型油田发现史 127

从美索不达米亚的沥青到黑金勘探潮 127
国际政治操纵原油储量 136

第四部分
制造石油产品 143

第 8 章
产油大国的采油法 146

采油树、智能井和页岩革命 146
投资与回报：美国和中东的石油生产成本 159

第 9 章
运输中的秘密：原油交易量如何跃居全球第一？ 165

特殊"通道"——输油管网络 165
超级油轮的演变之旅 169

第 10 章
石油"炼金术" 176

原油精炼发展史 176
消费量最大的国家炼油最多 186

第五部分
一个时代的终结？ 189

第 11 章
人类很快就会回到原始社会？　192

我们已不再如此依赖石油　192
石油顶峰理论错在哪里　196
我们既无法估计石油的储量，也无法预测它的需求量　204

第 12 章
能源战略新格局　210

非常规燃油让加拿大变身第三大储油国　210
天然气的崛起　215
能源转换的巨大代价与漫长过程　221

后记　225

图表说明　227

附录 A
计量单位、缩写、定义和换算　229

附录 B
石油的基本性能和计量单位　231

附录 C
简短术语表　233

附录 D
作者的主要作品　235

附录 E
参考书目及网站　239

引言

改变世界的"黑物质"

如果我们把历史看作一系列越来越显著的能源转换,那么石油——或者更准确地说,人们用石油生产出来的多种液体——在人类进化过程中获得了无与伦比的地位。这些液体在内燃机中经过转化,变成了各种全新的、更廉价的个人和大众交通工具驱动力,扩大了人类的视野。无论是谁,只要生活在拥有完善高速公路网的国家,就可以在一天内行驶1000多千米(若是在欧洲,相当于驾车穿越了4个国家)。无论哪一座城市,只要拥有足够长的跑道,能够容纳大型喷气式飞机升降,人们就可以在不到20个小时内从地球上的其他任何城市飞抵那里。对许多美国人来说,去巴厘岛或毛里求斯旅行变得越来越寻常,就跟欧洲人去伯明翰或慕尼黑旅行没什么两样。液体燃料创造了新的景观,由混凝土和沥青浇筑而成的高速公路、立交桥、停车场和购物中心拔地而起,城市似乎无止境地扩张着。

私家车还让人们的日常流动达到了空前的水平。人们能够更轻而易举地开车到城镇另一头的商店里购买进口食品，或者一时兴起，驱车去某家餐厅吃饭、听交响音乐会、观看橄榄球比赛。有了私家车，人们可以住在远离工作地点的地方，在假期时自驾游，空闲时到离家很远的地方钓鱼，或者在车库内安装怪异的引擎和车轮，制造高度还原的老爷车的模型。

由于液体燃料的使用，每年一月份，速度快、载货量大的集装箱轮船和卡车给我们运来智利杏果和南非葡萄，并且常年供应产自中国或肯尼亚的生姜和四季豆。液体燃料还有助于让各行业（从农业到零售业等）的生产过程变得更加合理化，这些变革既包括了组织层面的伟大创举，如"无仓库供货"，也包括宏观经济层面的深刻变化，比如制造业全球化。在全球化的浪潮下，任何东西仿佛都是在远隔万里之外的地方制造或组装而成的。

从出生到死亡，现代人离不开塑料产品，而塑料正是由石油中提取的原料合成的。医院里到处都是外科手术用的手套、柔性管、导尿管、静脉输液包、无菌包装、托盘、盆子、便盆、热毛毯——当然，一个人刚出生时还对周围的这些物品没有认知，但过了60至80年后，我们绝大多数人将会非常痛苦地了解到这些物品的用途。除了上面提到的普通医院里用到的聚氯乙烯制品外，还有许多物品其实也是用塑料制成的，如汽车、飞机上、火车、家里、办公室和工厂里所使用的各种塑料制品。

可以说，石油衍生出来的新世界是近乎奇迹的、迷人的，并且充满了前所未有的机遇，但其中也有可疑的交易、肮脏的权力游戏、旷日持久的暴力，以及经济不平等和环境遭受的破坏。从诞生的那一刻起，石油行业的高收益就引诱着人们从事见不得人的商业勾当。从约翰·戴维森·洛克菲勒（J.D. Rockefeller）创立的标准石油公司到米哈伊尔·霍多尔科夫斯基（Mikhail Khodorkovsky）那家倒霉的尤科斯石油公司，它们皆是如此，并结成了一些可疑的联盟，比如美国和沙特阿拉伯之间的联盟。石油所有权及其带来的财富赋予独裁者——从穆阿迈尔·卡扎菲（Muammar al–Gaddovs）到萨达姆·侯赛因（Saddmar al–Gad）以权力，让他们能够为所欲为。石油的控制权鼓励了大规模腐败，促进了炫耀式过度消费（沙特诸王子以及俄罗斯新寡头的做法），造成了收入上的巨大差距，且对于妇女的自由和地位几乎毫无贡献。

  目前，全球石油年产量已超过 40 亿吨。以石油为研究对象的书籍可谓汗牛充栋，它们挖掘了石油与经济、社会和政治的联系。我将从经济、社会和政治角度简单介绍石油的发展史，然后探讨人类在石油勘探、生产、运输、提炼和销售中遇到的无数问题。了解这些与石油相关的环节后，读者会发现它们同样引人入胜。人类在开采、加工石油的过程中逐渐积累了巨大的创造力，使原油成为世界上最重要的能源。

第一部分
石油之益，石油之殇

主要能源以及将能源转化为热能和动能的机器给人类社会留下了深刻且具体的印记。在生物质能源时代，人们用木材、木炭和农作物秸秆作为燃料，也就是所谓的"生物质燃料"。但这些不一定是可再生能源，因为人们为了生火取暖和冶炼金属，往往要大规模砍伐森林和过度使用农作物秸秆。以水、风为动力的水车和风车对人类的帮助微乎其微，因为大部分工作都是由人类和动物提供的能量完成的。到了煤炭时代，燃料的能量密度比木材更高。煤炭储量丰富，人们可以从相对少量的矿藏中挖掘出大量煤炭，并且以低廉的成本为蒸汽机提供动力。蒸汽机是人类历史上第一种廉价的机械力，它不仅取代了以往由畜力和人力完成的大量任务，并且以廉价的成本实现了古人在陆地和海洋上高速移动的梦想。

炼油产品（包括汽油、煤油、柴油、燃料油）的引进和推广标志着现代能源消费的质变。新燃料有较高的热含量（即单位质量燃烧时可以释放出更多的能量），生产过程更简单、更安全；成品油更清洁、更方便燃烧，并为终端用户提供了一种无可比拟的灵活性。总而言之，新燃料在各个方面都优于煤炭。

原油——或者更准确地说，从原油衍生出来的各种炼油产品，已经改变了现代生活的节奏。它们催生了更高效的原动力，提高了现代经济的生产力，加快和深化了经济全球化进程。原油的开采和销售从根本上改变了很多国家的经济命运，还改善了某些方面的环境质量，极大提升了个人和公众的舒适度。为了获得石油带来的好处，人们要勘探、提取、提炼原油，并将炼油产品带到市场，而上述过程的成本被称为原油的名义价格[1]。迄今为止，除了世界上最贫穷的经济体以外，所有国家都买得起炼油产品。

---

[1] 名义价格指以某些货币表示的、未经过通货膨胀的调整的价格。——译者注（除特别说明外，书中出现的脚注皆为译者注）

大量文件和数据记录了石油行业的历史和消费者支付的原油价格，我要叙述的只是石油行业的重大事件、变化和趋势。但是，各个国家和企业进口原油的价格和消费者购买炼油产品（直接产品用作汽车燃料和润滑油，间接产品用作公共运输和货物运输燃料以及生产产品所需的能源）的价格几乎无法让我们了解到石油勘探和生产的成本。显然，石油开采、运输、加工和燃烧的外部效应成本（这是经济学家们的一种含糊其辞的说法）与现代社会购买石油和确保石油供应安全所付出的真实代价相差甚远。

正因为如此，我想在此告诉读者，石油带给我们好处的同时，还让我们付出了更大的代价，例如使用液体燃料推动现代经济发展造成的环境污染，如海洋石油污染、光化烟雾以及炼油产品燃烧后的温室气体。另外，我要告诉大家，一些国家拥有丰富的石油资源却常常管理不当，而一些国家则被迫以过高价格购买石油资源，造成一系列经济、政治和社会影响。最后，我还要阐述各国为了确保原油从主要产区稳定流入所做的政治、军事和战略设计，以及这些活动带来的广泛影响。

第1章
工业之血与现代文明

车轮上的国家：从美国到中国

石油时代的开端并不完全是革命性的，它始于单一产品和单一主要市场。19世纪60年代末至70年代，从原油提炼出来的煤油成为主要照明材料。但煤油并不是唯一的照明物，因为在城市里，用煤炭制成的燃气已经形成巨大市场，而不久之后，煤油和煤气都被电所取代。在石油工业发展的最初几十年里，从原油中分馏出来的最轻或最重的液体都没有多大用处，汽油只是煤油的一种可有可无的副产品。它易挥发、易燃，无法用于家庭照明或供暖，而且当时的家庭也没有合适的小型炉子可以燃烧重油，让房间温暖起来。不过，石油衍生出来的润滑剂提供了更廉价、更优质的天然油脂和蜡的替代品。

人类发明内燃机后（汽油发动机发明于19世纪80年代，而柴油发动机于19世纪90年代面世），从石油提炼出来的较轻部分的燃料开始显现它的潜在价值，但过了20年之后，它们才变得不可或缺，而且这种现象只出现在北美大陆，因为当时北美大陆小汽车的保有量规模增大，卡车也开始普及（在其他地方，铁路运输向公路运输的转变以及小汽车保有量的增加始于第二次世界大战之后）。在首批机动车问世不到20年后，飞机便开始使用以汽油为动力的往复式发动机。这一根本性突破发生在第一次世界大战之后，随后商业航空开始出现。20世纪50年代，这一新行业因引入了燃气涡轮而发生革命性变化，这些优质内燃机降低了长途飞行的成本。

为大型柴油发动机提供动力的精炼燃料还改变了货运和客运的水路运输方式。此前，从内河驳船到越洋班轮，从渔船到大型集装箱船（大型集装箱船的面世使海运成为全球化的关键工具），所有使用煤炭燃料的船舶都受益于更清洁、更便宜、更快、更强大和更可靠的动力系统。以汽油为动力的舷外发动机创造了一种新的休闲活动，即摩托艇运动。货运和客运列车受益于柴油发动机，许多重型卡车、施工车辆和越野车也同样如此。

显然，炼制油产品对运输的影响最为深远。汽车是欧洲人发明的，其机械结构起源于1876年。当时尼古拉斯·奥托（Nikolaus Otto）（见图1.1）制造了世界上第一台四冲程发动机。1885年，戈特利布·戴姆勒（Gottlieb Daimler）和威廉·迈巴赫（Wilhelm Maybach）借用奥托的四冲程结构设计了世界上第一台以汽油为动力的轻质高速单缸立式发动机；而在同一年，卡尔·本茨（Karl Benz）制造出世界上第一辆由慢速水平汽油发动机驱动的三轮汽车。1891年，埃米尔·莱瓦索（Emile Levassor）对汽车结构做了一次重大改进，使汽车的标准配置在19世纪90年代中期变得更加复杂。四冲程汽油燃料发动机、电子点火和化油器的结合开启了人类历史上规模最大的制造业，而它至今仍在扩张中。

1892年，鲁道夫·迪塞尔（Rudolf Diesel）（见图1.1）为一种截然不同的燃料点火方式申请了专利。喷入柴油机汽缸内的燃料在高温下自燃，

图 1.1 汽车时代的缔造者

而高温是通过压缩燃料产生的，其压缩次数是奥托发动机压缩燃料次数的两倍。柴油发动机工作时压力更高，速度更慢，而大型固定式柴油机燃烧效率最高，在 50% 以上，汽车发动机则可达到 40%。汽油发动机热效率通常比柴油机低 20%～30%，但经过重新设计之后，最新款的汽油发动机几乎缩小了这种差距。柴油还有其他优点：在体积相同的情况下，柴油所含能量比汽油多 11%，价格比汽油略便宜，而且没有易燃的危险。低易燃性使柴油机特别适用于那些可能会因火灾而瞬间造成灾难性后果的环境（比如船上），以及高温很少会导致液体从车辆和船只内部蒸发的热带地区。柴油动力车的发动机效率高、体积能量密度较高、燃料挥发性低，这意味着在不加油的情况下它们能比使用同等尺寸汽油发动机的车辆行驶得更远。此外，柴油发动机还有其他机械方面的优势，包括较大的扭矩、速度下降时的抗熄火性能以及天生的耐久性。

但是，早期的柴油发动机太重，无法用在汽车上，且以汽油为燃料的发动机也不是立刻就获得了成功。在莱瓦索重新设计汽车结构的十多年后，同时也是查尔斯·杜利亚（Charles Duryea）于 1892 年制造了美国第一辆汽油燃料汽车的十多年后，汽车价格依旧高昂，且性能不可靠，只有少数拥有特权的消费者抱着试试看的心理购买。直到第一次世界大战结束后，大规模生产技术得以扩大和普及，亨利·福特（Henry Ford）推出了普通消费者负担得起的、性能可靠的 T 型车，这种局面才有所改变。制造成本的大幅下降，消费者可支配收入的增加，汽车设计方面的技术进步，以及汽车燃料的改进，这四者的共同作用导致汽车使用量必然增加。这种现象首先出现在美国，然后是 1950 年后出现在欧洲和日本，现在则出现在亚洲大陆的大部分地区。

20 世纪 30 年代末，美国成为富裕国家，完善的规模化生产方式使其占据了世界汽车市场 90% 以上的份额，但第二次世界大战结束后，欧洲经济开始复苏，抢占了美国的汽车市场份额。1960 年，美国仍然拥有世界上 60% 的乘用车，但到了 1983 年，欧洲乘用车总数与美国相当。如今，欧洲大陆是世界上最大的汽车市场，而在 20 世纪 90 年代，中国成为了增长最快的新车市场。2015 年，全世界乘用车注册数量超过 9 亿辆（见图 1.2），加上 3.5 亿辆卡车、公共汽车和商用车辆，公路上行驶的车辆总数达到 12.5 亿辆。由于普通发动机的性能仍然相当低效，所以消费者要求提升燃料炼制工艺的呼声仍然很高。

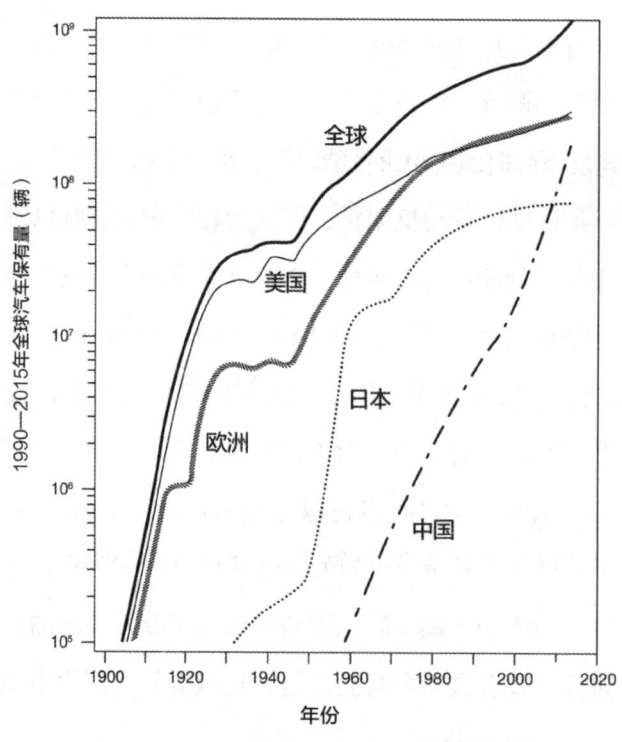

图 1.2　1900—2015 年全球汽车保有量

在简要介绍全球汽车使用量对经济、社会和个人行为影响时，我们必须要把一些积极因素考虑在内，包括人们获得的前所未有的出行自由、个人眼界的扩展、生活便利性的提高，以及汽车对现代经济繁荣做出的巨大贡献。在现代社会，汽车制造业通常是世界各国规模最大的单一产业（按附加值计算），与购买和驾驶汽车相关的活动在国内生产总值中占据了很大比例。当然，汽车使用量激增也产生了两个负面后果：第一是交通伤亡人数剧增（全球范围内，每年有120万人死于交通事故，受伤的司机、乘客和行人数量约为2000万人）；第二是路面汽车的增加对环境造成了各种影响，包括交通堵塞现在成为绝大部分大城市的顽疾，建造高速公路和停车场带来了耕地流失，传统城市模式受到了破坏等。

汽油的最大市场在亚洲

目前，世界上最好的乘用车汽油发动机的热效率超过30%。2014年，丰田公司开发了一款发动机，其最高热效率为38%，但日常普通发动机的热效率不超过25%。摩擦损耗使整体热效率降低了大约20%；车的部分荷载系数（在城市行驶期间是不可避免的，而城市行驶占据车辆行驶的大部分时间）使热效率再减少25%；附件损耗和（越来越普遍的）自动变速器几乎使剩余的热效率减半，导致有效热效率可能低至7%~8%。另外，由于历史原因，绝大多数汽车并不是为了减少汽油消耗而设计的，尤其是在全球最重要的汽车市场——美国。美国人对大型汽车的偏爱、几十年来汽油价格的低廉、底特律汽车厂商的重型汽车的设计使美国在第二次世界大战后生产的汽车的热效率不断下降。

1974年的汽油消耗率（在欧洲以升/百千米表示）实际上

比20世纪30年代的汽车增加了大约15%，但美国采用的是反向性能指标，即英里/加仑（mpg），因此，在20世纪30年代中期至1974年期间，每加仑行驶里程数有所下降。随着石油输出国组织（简称"欧佩克"）的油价上涨，美国出台了新规则，规定汽车的燃油效率必须逐步提高，燃油效率因此迅速迎来转机，从1974年到1985年的12年间，美国汽车每加仑的平均行驶里程数翻了一番，从13.5英里/加仑上升至27.5英里/加仑（即8.6升/百千米）。后来，美国扩大了欧洲和日本汽车的进口规模，促使汽车整体性能进一步提高。不幸的是，虽然国际市场居高不下的油价在1985年开始急速下跌，但紧接着，20世纪90年代的经济活力结束了这一理想趋势。在接下来的25年里，燃料效率仍然保持在每加仑27.5英里的水平，我们失去了提高汽车燃油效率的大好机会。此外，人们把皮卡车、货车和SUV（即"多功能运动型轿车"，但这完全是一个错误的名字）作为主要乘用车使用，结果拖了汽车燃油平均效率的后腿，因为它们占据了美国汽车市场近一半的份额，但都不受燃料效率标准的限制。

过去，这些体积庞大、动力强劲的车辆燃油效率大多在20英里/加仑以下（即油耗大于11.8升/百千米），2017年上市的某些SUV车型的油耗甚至高达16升/百千米。雪佛兰出产的"萨博班"和"豪放"、通用汽车出产的"育空"都属于此类"油老虎"。此外，虽然人们年均出行距离稳步增长，但燃油效率却停滞不前。1950—1975年，车辆平均出行距离几乎没有增长（仅增长了3%，每辆车的出行距离为15400

千米);但到了2005年,车辆平均出行距离增长了25%以上,达到近2万千米。因此,美国所有轻型车辆的平均油耗在2000年仅为20英里/加仑,10年后只上升至21.5英里/加仑。然后,平均油耗开始改善。到2015年,平均油耗达到了24.8英里/加仑的创纪录水平,并出现了许多油耗30英里/加仑以上的畅销车型,比如本田思域在城市道路和高速公路的混合路况中的油耗可达33英里/加仑,而在纯高速公路上行驶的油耗为37英里/加仑,即每百千米仅耗油6.35升。

当然,混合动力汽车的燃油效率要高得多,比如福特"福克斯"和雪佛兰"沃蓝达"的油耗在100英里/加仑以上,即每百千米只耗油2.2升。如今,燃料效率的标准越来越严格,美国环保署规定,到2025年,小型汽车的油耗要达到43英里/加仑,轻型载货汽车的油耗要达到37英里/加仑;此外,新潮的混合动力汽车市场份额进一步加大,越来越多的消费者开始接受电动汽车。在这三大趋势面前,尽管汽车和卡车市场略有增加,美国的汽油需求量也可能已经接近其巅峰水平(2016年,美国汽油需求量仅比2007年的历史最高水平高出0.1%而已)。

2016年,汽车和飞机使消耗的汽油占到全球炼油厂产量的三分之一。美国消费的汽油占全球汽油消费总量的41%左右,即人均消费1200千克汽油。如今,美国消耗的汽油比欧盟、日本、中国和印度加起来的还要多。虽然欧盟的人口比美国多50%,但汽车保有量却和美国差不多,消费的汽油也只占世界汽油总量的13%,即人均160千克左右。造成这种差异的关键因素在于,欧盟更多使用的是柴油发动机,同时,欧盟中以汽油为动力的汽车外形小、燃油效率高，且年平均行车距离较短（大约只有美国的一半）。2015年，日本消耗的汽油占世界汽油供应量的4%；人口10倍于日本的中国消耗的汽油占世界汽油供应量的10%（即人均70千克左右）；印度消耗的汽油则仅占世界汽油供应量的2%。这些对比数据表明，随着亚洲两个人口最多的经济体的汽车保有量增加，中印两国对车用汽油的潜在需求非常大。同时，这份数据还表明：只有汽车市场发生重大变化（如燃油效率提高、混合动力汽车和电动汽车增多），汽车保有量的激增才不会造成空气质量严重恶化。

航空"英雄"——柴油

与重量更轻但燃油效率更高的汽油发动机相比，柴油发动机对世界的改变并不小。由于柴油发动机的功率重量比❶很高，所以直到第二次世界大战以后，柴油发动机才得以在乘用车上普及。但在20世纪30年代的时候，柴油发动机已经占领了对发动机重量不敏感的应用领域，即航运、铁路运输、公路货运和农业领域。

在第二次世界大战之前，每四艘货船中就有一艘靠柴油发动机提供动力。1950年后，从汽油发动机向柴油发动机的转变加快了。如今，大约90%的货轮采用了柴油发动机，包括世界上最大的原油油轮和集装箱船，它们不断往返于全球制造业经济的生产者和市场之间，成为两者主要的联系纽带。现在最大船只的载重量接近20万吨（载重量是指货物重量加上船上仓库、燃料库以及为引擎提供动力的燃料重量之和），并且能

---

❶功率重量比就是动力与车体重量的比值，换个角度也可以理解为1千克物体由多少千瓦的功率推动，比值越大，车辆的动力性越好。

够堆叠2万多个集装箱,以超过每小时30千米的速度行驶。芬兰的瓦锡兰公司和德国的奥格斯堡-纽伦堡机械工厂股份有限公司是世界领先的大型船用柴油发动机设计企业,而日本的柴油机联合公司和韩国现代集团则是柴油发动机的主要生产商。

燃烧的柴油使铁路运输的能耗效率成倍增加。柴油发动机取代燃煤蒸汽机车,将能源转化效率从不到10%提高到了35%以上。如今,干线铁路要么用电力,要么用柴油驱动。

1924年,柴油开始在重型道路运输中取代以汽油为燃料的车辆。当时,第一台直喷式柴油发动机刚刚问世,曼恩集团、奔驰和戴姆勒(两年后这两家公司合并了)开始生产柴油卡车。到了20世纪30年代末,欧洲制造的大多数新卡车和公共汽车都是用柴油发动机提供动力的;第二次世界大战后,柴油发动机的市场主导地位扩大到所有大陆。柴油还为用于基建和表层采矿的重型机械、各种越野车辆(包括用于石油地震勘探的卡车)以及现代陆战的主要机械提供动力,比如主战坦克。

1926年,戴姆勒-奔驰公司开始研发了一款用于乘用车的柴油发动机,并于1936年推出了第一款柴油发动机轿车,这种车成了最受人们欢迎的出租车。1950年以后,重量较轻、污染较少的柴油发动机面世。因此,如今乘用车的柴油发动机只比汽油发动机稍重,且符合严格的机动车排放标准。虽然柴油乘用车在北美仍然占比很少(美国只有3%的新柴油车),但在2006年之后的汽油价格较高的西欧,柴油汽车在新车市场所占的比例超过了50%(自2012年以来,柴油汽车在爱尔兰的新车市场的比例超过70%)。

莱特兄弟制造了一台由汽油驱动的轻型四缸内燃机,并于1903年12月17日在北卡罗来纳州斩魔山为一架重于空气的飞行器提供了动力;而在此之前，威尔伯（Wilbur）和奥维尔（Orville）通过打造一系列实验性质的滑翔机，解决了飞行器的平衡、操控以及机翼设计等关键难题。第一次世界大战的最后几年，装备了高性能往复式发动机的军用飞机频繁出现。商业飞行始于20世纪20年代初，此时距离莱特兄弟的首次飞行只过去了不到20年时间。20世纪30年代末，多发动机水上飞机实现了分阶段飞越太平洋的壮举。20世纪40年代以前，往复式航空发动机的性能一直在改善，但它们的缺陷仍然显著，比如，它们的功率重量比相对较高，它们在工作时使飞机受到持续的振动，它们无法使飞行速度超过每小时600千米，在极端天气中它们也无法使飞机在高空持续飞行。

喷气式发动机面世后，航空公司迅速采用了这种技术，长途商业航空的前景也因此发生了翻天覆地的变化。"喷气式"这个说法有点不准确，因为喷气式发动机既可以使用液体燃料，也可以使用气体燃料。以煤油为燃料的喷气式发动机的专业性术语是"燃气涡轮发动机"，它们都是内燃机，跟驱动飞机、火车和轮船的发动机别无二致，但与奥托发明的发动机相比，燃气涡轮发动机有三大不同点：第一，在喷气式发动机中，燃料还未进入燃烧室，空气就已经压缩了，燃烧是持续进行而非间歇性进行的，热气流的能量被一台通过凸轮轴连接到压缩机的涡轮抽取出来；第二，燃气涡轮首先压缩空气（使空气压达到大气压的40倍），然后迫使压缩空气穿过燃烧室，温度翻倍；第三，热气的一部分能量转动涡轮机，其余能量通过排气喷嘴产生向前的推力。

喷气式飞机小史

说起独立并行研发，一个著名案例就是世界首台实用喷气式发动机原型。20世纪30年代，英国人弗兰克·惠特尔（Frank Whittle）和德国人汉斯·约阿希姆·帕贝斯特·冯·奥海因（Hans Joachim Pabst von Ohain）设计了第一台实用发动机。1939年8月27日，冯·奥海因设计的发动机在一架实验飞机"亨克尔-178"上进行了测试，而惠特尔设计的发动机于1941年5月15日为实验飞机"格洛斯特"提供了动力。这些发动机的改进版本参与第二次世界大战太晚（1944年7月份才参战），没有对战争的结果带来任何影响。

新颖的军用喷气式飞机发动机设计源自人们对速度、高度和可操纵性的无止境追求，而且这类设计绝大多数起源于美国和苏联，但在1952年5月5日，配备了英国德哈维兰公司四台"幽灵发动机"的"彗星"客机成为第一架定期航班，执行往返于伦敦与约翰内斯堡之间的飞行任务。

"彗星"的最高时速为640千米，是当时最好的商用螺旋桨飞机的两倍。但它只能搭载36名乘客，并且由于发动机的推力很低，所以在起飞时很容易损失加速度。但上述缺点并不是这架飞机结局悲惨的主要原因。1953—1954年，三架"彗星"客机在空中解体，导致所有"彗星"客机停飞。这些致命事故都是由于增压机的机身过于疲劳而发生断裂造成的。1958年10月，一架完全经过重新设计的"彗星4号"客机开始飞行，另外两架涡轮喷气式飞机也投入定期客运业务，它们分别是苏联设计的"图-104"和波音公司设计的707客机。在人类历史上，波音707是最成功的商用喷气式飞机系列的首款产品，该系列还包括波音737（史上最畅销的喷气式客机）和史上第一架宽体喷气式客机波音747（自1970年1

月开始投入定期航班服务)。波音747体型巨大,最大起飞重量近400吨,要靠涡轮风扇发动机提供动力。

通过改变气体压缩方式和在压缩机前加装额外的风扇,发动机产生了两股排气流;每股气流中间是高速核心气流,周围被速度较慢的支流所包围,这样可以降低噪音并产生更强推力。在最新的发动机设计中,90%以上被发动机压缩过的空气绕过了燃烧室,减少了燃料消耗和发动机噪音。当涡轮喷气式飞机以战斗机所需的极高速度达到它们的最高推力时,涡轮风扇的转速却很低。对于重型飞机来说,这在它的升空过程中是一项巨大的优势。假如没有涡轮风扇的低油耗和极高的可靠性,人类就不可能在1970年以后迅速实现世界范围内的商业飞行(见图1.3)。如今,飞机发动机的性能非常可靠,就算是双引擎飞机也可以在长达17个小时的洲际航线上使用。

令人印象深刻的是,特种喷气式飞机的燃料消耗量(通常以"载客里程"数计算)一直在稳步下降,而新的波音787客机(即"梦幻航班")的燃油效率比该公司于1958年投入商业运营的、开创性的707涡轮喷气发动机增加了近70%。然而,长途航班的油耗仍然很高。煤油占波音777-200LR飞机起飞重量的47%,而该飞机是目前航程最长的客机;就一架越洋飞行的波音747来说,其45%的重量(约175吨)是煤油,且在巡航高度(通常是海拔10~12千米),飞机的四台发动机每秒钟消耗大约3.2千克(约4升)燃料。在所有运输方式中,航空旅行的增长率最高,因此全球煤油的绝对消耗量一直在稳步上升。20世纪50年代初,在全球范围内,定期航班每年的载客里程数超过400亿千米,并且在不到6年的时间里翻了一番,在2000年的时候达到了近3万亿千米,在2014年的时候更是超过了6万亿千米(见图1.3)。在年载客量方面,乘客总数量从1970年的3.2亿人上升到2015年的34亿人。2015年,商用航空消耗的燃料总量仅相

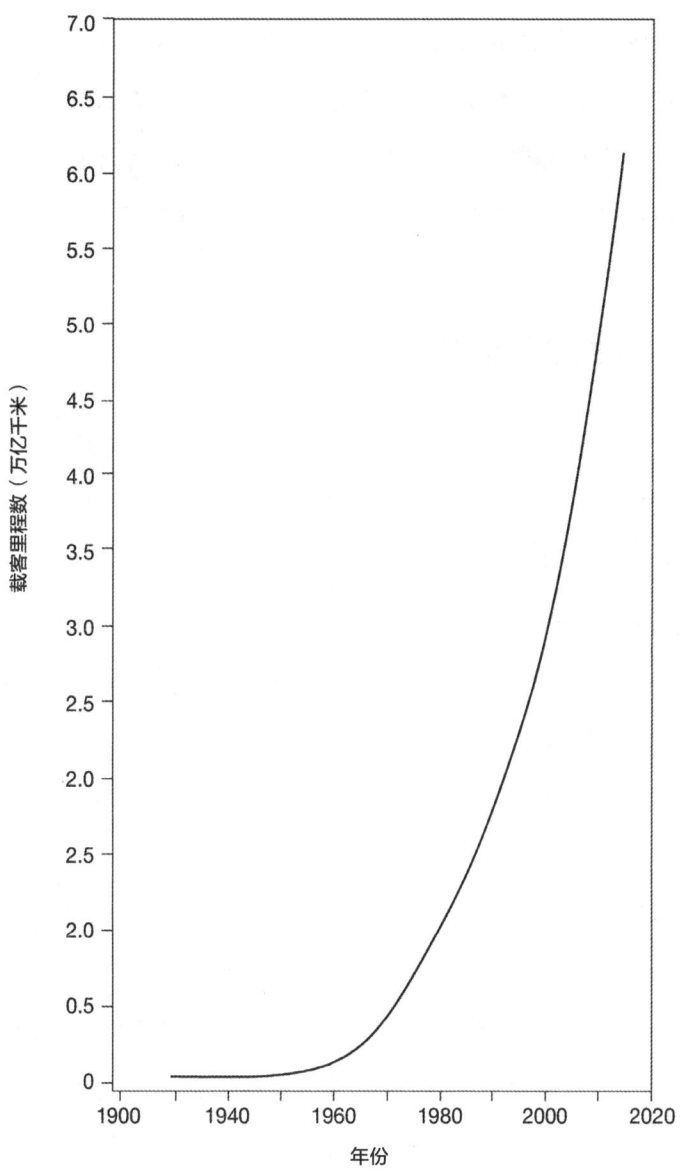

图1.3 1920—2015年定期航线每年旅客周转总量呈指数级增长

当于汽车消耗的12%左右，商用航空消耗的燃料只占全球油产量的3%。

目前，在全球范围内，运输业消耗的成品油大约占成品油总量的三分之二（2005年约为25亿吨），而在美国，运输业消耗的成品油已经超过这一比例。运输业对液体燃料的依赖程度更高。2015年，汽车、火车、轮船和飞机使用的能源大约93%来自原油。然而，可以这么说，如今富裕国家普遍存在的大规模农业耕种机械化才是液体燃料带来的最深刻变革，人类这项最重要经济活动的重大转变正是由原动机的根本性变化推动的。

被"吃"掉的液体燃料

所有工业化前的农业生产（忽略其特定组织方式或平均生产力）都只能利用太阳能。通过光合作用的转化，太阳可以为人类提供食物、蓄养动物和产生有机肥，人类也可以再利用回收的有机肥补充土壤养分。但是，这种可再生性并没有转化为可靠的粮食供应。不当的耕种方式、低产量、自然灾害频现等因素导致周期性的粮食短缺，人类若要提高粮食产量，就需要投入更多的畜力和自身的力量。

所有传统农业都是高度劳动密集型的，往往要雇用80%以上的社会可用劳动力。到了19世纪，马拉机械的出现使这一比例逐渐减少，但直到拖拉机和自推进式农业机械的使用，密集劳动力的比例才急剧下降。美国农业劳动力的比例从1900年的40%左右下降到1970年的5%不到，现在则只有1.5%，而类似的下降率在所有西方国家都能找到记录（尽管没有降到如此低的比例）。各国普遍采用四项措施改变传统农业，它们分别是：借助发动机和马达，实现土地整理和农作物加工过程的机械化；使用无机肥料，尤其是合成氮化物；采用农用化学品防治害虫和杂草；

开发新型高产农作物。

因此，现代农业已经开始依赖大规模的能源补贴，这点不仅体现在为农田、灌溉和作物加工机械提供动力的液体燃料上，还体现在肥料、杀虫剂和除草剂的合成上。随着农作物产量的增加（20世纪许多普通作物的产量增加了3倍）和劳动力需求的减少，这一转变带来的生产力增长令人震惊。1900年，美国农民平均需要劳作3分钟才能生产1千克小麦，但到了2000年，劳作时间降到了2秒钟，如今最优秀的生产者更是只要1秒钟就能完成这项工作。霍华德·奥德姆（Howard Odum）曾说过，这种转变的代价在于，我们如今所吃的土豆里都有石油。可以说此言不虚。

农业机械化之所以成为可能，首先是因为使用了拖拉机，这种机械早在第一次世界大战前就大量引入美国了。汽油拖拉机在1930年以前的美国就取代了驮马。但在欧洲，从畜力向机器的转变发生在第二次世界大战后，而且欧洲人主要依靠的是20世纪30年代引入的柴油发动机。1950年之后，柴油发动机还促使美国和加拿大转而使用重型四轮驱动机械（两国现在最大型机器的功率是400千瓦，也就是550英制马力），并开始设计重型履带式拖拉机。相比之下，亚洲的农业机械化依赖于小型两轮手扶拖拉机（以汽油或柴油作为动力），这种拖拉机适合耕种小型稻田。

柴油发动机也被用于各种收割机械，包括自推进式联合收割机和棉花采摘机。人们还使用不同尺寸的固定式柴油发动机来发电，无论在远离集中电力供应的地方，还是在紧急情况下，这种柴油发动机都非常好用。最大的柴油发电机的尺寸就和中型汽轮机一样大，较小的柴油发动机则用来为制冷或农作物加工提供机械能。至于其他终端市场的规模，农林业对成品油的需求相对较小，全球范围内只消耗成品油总量的3%。

燃料油是第一种现成的固体燃料的替代品，而固体燃料燃烧时，需要人们不断地往火里添加燃料并严密看管。后来，数以百万计的家庭购买了可以自动加油的小型油炉，人们只要旋转开关或设置好温度调节器，就可以享受到热量，且无须严密看管油炉。这股潮流始于美国和加拿大，后来传至日本和欧洲。油炉的储油罐很小，这就意味着在寒冷的冬天，送货卡车必须给它们加注四五次燃油，而高需求可能会迫使燃油价格飙升。世界各国改用天然气后，使用燃料油供暖的家庭数量大幅减少。2016年，只有不到5%的美国家庭仍然靠燃料油取暖（大约600万人，其中90%在美国东北部地区），而在1972年，这一比例接近三分之一。2015年，约8%的精炼燃料被住宅和商用市场消耗，其中绝大部分燃料用于取暖，随着天然气称霸市场，这一比例也将继续下降。

除了提供现代文明最需要的液体燃料外，原油精炼过程也是石油化工原料的重要来源，而这些石油化工原料会被进一步加工成种类繁多的合成材料。2015年，约11%的碳氢化合物液体（超过4亿吨）被用作石油化学原料，其中石脑油❶约占总量的三分之二，其次是液化石油气。

地砖、手套、信用卡：你所不知道的塑料

制作塑料的原料主要有两种，分别是烯烃（主要是乙烯和丙烯）和芳烃（主要是苯、甲苯和二甲苯）。乙烯由乙烷或石脑油蒸汽裂解制成，是最重要的石油化工原料。欧盟的乙烯年产量约为2000万吨，美国的乙烯年产量约为4000万吨。丙烯是第二重要的原料，而石脑油裂解还能产生丁二烯。通过聚合反应，基础原料可以产生

---

❶石脑油又叫化工轻油，是以原油或其他原料加工生产的用于化工原料的轻质油。

目前普遍存在的热塑性塑料,这种塑料占所有人造聚合物总量的70%以上。热塑性塑料由线性分子或含支链分子组成,加热后会软化,但冷却后会重新变硬。

聚乙烯是最重要的热塑性塑料,其最常见的形态是一种坚韧的薄膜,可被制成垃圾袋、食品杂货袋和面包袋。除此之外,聚乙烯在日常生活中还有很多用途,可以被制成电线绝缘层、人工髋关节等物品。聚乙烯还可以被制成纤维,用吹塑工艺制成装牛奶、洗涤剂和机油的硬质容器,或者制成储气罐、管道、玩具和大量工业部件。

聚氯乙烯(PVC)的用途甚至比聚乙烯更普遍,从埋在地下的管道到信用卡,从地砖到外科手术手套,聚氯乙烯几乎无所不在。

聚丙烯存在于织物、室内装潢和地毯中。丙烯也是生产聚碳酸酯(用于制作光学镜片、窗户、硬质透明盖子,经过金属化处理后,还可以制成CD光盘)和聚酯树脂等塑料产品的原材料。

苯用于合成苯乙烯(苯乙烯用于制作包装材料中的聚苯乙烯)和其他大量化学反应所需的原料。聚氨酯是甲苯的主要终端产物,而二甲苯用于生产聚酯纤维、溶剂和薄膜。

制造沥青是精炼石油产品的第二大非燃料用途。19世纪70年代,美国开始偶尔使用沥青铺设道路和人行道。1896年,纽约市不再用砖块、花岗岩和木块铺设道路,而是开始使用沥青。所有这些早期沥青路面都是用特立尼达或委内瑞拉的天然沥青制成的。第一次世界大战后,汽车使用量的激增提高了人们改善路面状况的需求;而且随着炼油工业的发展,人们开始从原油中提炼出热拌沥青。第二次世界大战结束后,美国开始大举修建州际公路，其他西方国家也纷纷效仿美国。如今，中国和印度也进行大规模的道路建设，采用混凝土作为铺路的主要材料。

  不过，沥青路更容易维护。只要路基完好无损，表层沥青就可以剥离和回收。事实上，在发达国家，回收量最大的材料并非铝罐或报纸，而是沥青。2015年，世界各地的炼油厂生产了近9000万吨沥青（北美沥青产量占全球的四分之一），其中85%用于生产铺路用的热温沥青混合物。2015年，美国从磨损道路表面回收了7000万吨沥青，其中约有90%用来重新生产新的热温沥青混合物。沥青也被用来铺设屋顶，以及生产工业涂料、黏合剂和电池。

第 2 章
铁打的市场，流水的寡头

能源危机背后的欧佩克

过去，人们认为跨国石油公司沆瀣一气，秘密操控石油交易价格，而有时候它们的确会这样做。甚至在跨国公司失去石油定价权很久之后，人们仍将其视为油价操控者，难以信赖。因此，当欧佩克看似要控制世界石油价格时，其成员国的石油企业就更难以获得人们的信任了。每当油价上涨，人们就会喋喋不休地说欧佩克"把我们的生活搞得一塌糊涂"。但是，随着油价经过几轮大幅下跌，情况也发生了变化。油价下跌表明欧佩克力量有限，许多评论家迫不及待地宣称欧佩克已名存实亡，但现实总是比想象更复杂。从 20 世纪 70 年代初开始，石油行业一直受到一系列重大波动的影响，其价格起伏超出了所有人的预期。有时候石油价格过低，以至于石油企业刚发现新油田就将其关闭；而有时候价格飙升，石油企业的盈余和净利润打破了历史纪录。

在 19 世纪 70 年代和 80 年代初期，石油行业中主要的不确定因素是人们缺乏可靠的剩余石油储量的信息，而要弄清楚这个问题，就得重新评估已发现的油田。欧佩克似乎无所不能，它的任何举动都会引起业界的担忧,甚至是恐慌。1985年以后,原油价格回落,这种担忧得以缓解,而且在随后的15年里,相对较低的原油价格只出现了小范围波动,人们对此持欢迎态度,心态也平和了许多。到了21世纪初,人们对未来石油供应安全和原油价格的担忧再次燃起。新油田发现率下降,某些石油地质学家(和许多所谓的"能源专家")针对大型油田勘探给出具有误导性的说法(他们称全球石油开采的高峰期即将到来),中国的石油需求激增,在这三者的共同作用下,石油价格开始了新一轮的上涨。2008年7月,油价达到名义峰值之后开始急剧下跌;2012年和2013年,油价又出现了新的名义峰值。然而,这只不过是新一轮暴跌的前奏而已。2014年和2015年,油价创出新低,整个2016年和2017年的价格都处于这种低迷状态之中。当我们以固定货币(把通货膨胀因素考虑在内)表示油价时,就会看到一些不同的现象。以固定货币表示的油价表明:1970年前的一百多年里,油价在持续下降;1981—2003年,油价又总体下降或停滞了一段时期。在2007—2008年,以及2012—2013年,油价又经历了两次上涨。以固定货币计算,2015年的油价并未高于1985年(见图1.4)。纵观历史,国际油价仍然处于低位。

  风云变幻且难以预测的石油需求、暴力冲突和政治动荡的风险,以及人们对石油资源的曲解,所有这些要素结合在一起使人们受到观念、恐惧、从众行为和暂时性恐慌心理等因素的支配,从而做出过激的反应。新闻媒体可以在某一年大肆鼓吹石油供应无忧,又可以在几年后说石油时代的末日已经来临。因此,对于油价的长期预测从来都是牛头不对马嘴。2004年,欧佩克刊登了一篇名为《2025年石油行业展望》(*Oil Outlook to 2025*)的文章,预测油价将稳定在每桶20~25美元。但仅仅十年后,欧佩克便改口,预测2020年前油价将稳定在每桶110美元,然

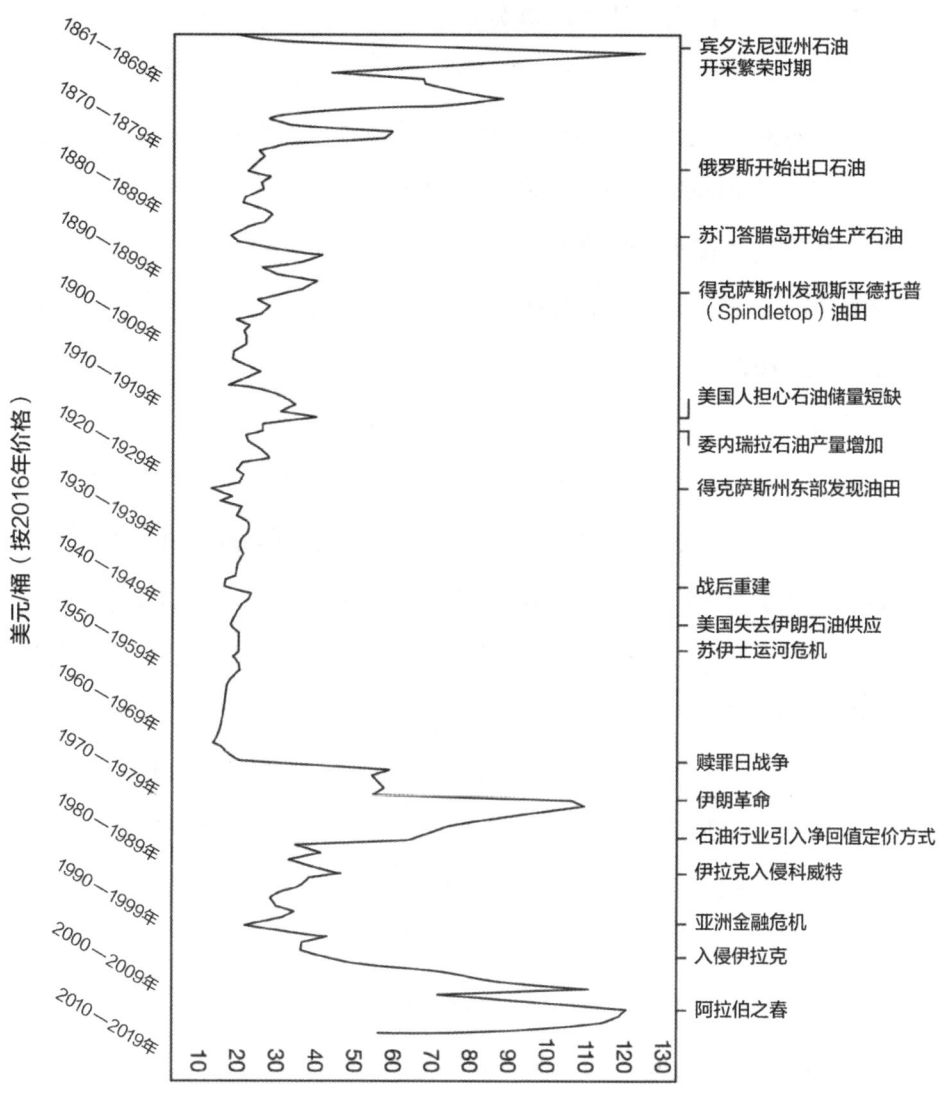

图 1.4　1861—2016 年原油价格

后在 2025 年之前小幅下降到每桶 100 美元（按 2013 年价格计算）。当欧佩克预测油价将稳定保持在每桶 20 美元时，油价其实已经上升到了每桶 100 美元；当它认为油价会稳定在每桶 110 美元时，油价其实跌到了每桶 30 美元。没有对比就没有伤害，这再次证明了欧佩克的影响力是有限的，即使是短期预测也错误连连。唉，对那些从事固定价格预测的经济学家而言，欧佩克的话不啻于东风吹马耳！

谈及全球石油行业的概况，我们先要研究一些非常大的统计数据。2016 年（当时平均油价为每桶 43 美元），全球原油销售额略高于 1.5 万亿美元，约占这一年世界经济产品值（共 75 万亿美元）的 2%，略低于加拿大的国内生产总值，与俄罗斯的国内生产总值相当。这些对比数据证明，原油不是一种定价过高的能源。可是，当我们研究石油行业的下游环节（石油行业用语）时，事情就发生了改变。通过运输和提炼原油，及销售终端产品，石油公司为原油增添了大量价值（也就是利润），于是政府也介入其中，对石油产品征税。2017 年，荷兰一桶汽油的价格比一桶原油贵 5 倍。这个数字在其他国家各有不同，比如英国的汽油比原油贵 4.5 倍，日本的汽油比原油贵 3.5 倍，美国的汽油则比原油贵 1 倍多。即使如此，在所有高收入国家，消费者仍然买得起石油精炼产品。

尽管全球油价仍然相对较低，但在 2016 年，全球十大上市公司中，有五家从事石油业务，这五家公司分别是：中国石油天然气集团公司（排名第三，年营业收入 2990 亿美元）、中国石油化工集团公司（排名第四，年营业收入 2940 亿美元），荷兰皇家壳牌集团（排名第五，年营业收入 2720 亿美元）、埃克森公司（排名第六，年营业收入 2310 亿美元）和英国石油公司（排名第十，年营业收入 2260 亿美元）。2016 年，这五家公司的营收总和达到 1.3 万亿美元，超过当年俄罗斯的名义国内生产总值❶。在 2014 年，当全球平均油价接近每桶 100 美元时，这五家公司的营收总和接近 2.1 万

---

❶ 名义国民生产总值是指按当年的价格计算的国民生产总值。

亿美元。此时，石油价格的反复无常早已众人皆知。1998 年,《经济学人》(*The Economists*) 刊登头条文章，称石油行业"出现十年来最低储备"。随后，在 21 世纪初，石油行业的利润创下历史最高纪录。但到了 2008 年，第二次世界大战以来最严重的经济危机使石油行业的暴利戛然而止。但是，撇开价格波动不谈，我们必须要记住一点，西方国家的政府对成品油课以重税，石油生产商赚的钱实际上比国库赚的钱少得多。

但美国是个例外。2016 年，联邦和州政府对汽油征收的税率高达 21%，但汽油的销售单价几乎就是原油的成本加上行业利润率。在 2016 年，日本对汽油征收的税率占汽油销售价格的 40%，而德国和英国的税率分别占销售价格的 55% 和 67%。因此，世界最发达的七个经济体（G7）征收的液体燃料的税款已经超过欧佩克 13 个成员国的石油营收总和。此外，自 20 世纪 60 年代以来，全球各个国家的石油行业一直由国有企业主导，这些企业的收入只会有增无减，因为他们控制着绝大部分的液态石油储量，以及很大一部分非传统含油砂层石油储量。

石油行业的巨无霸

如今，国有石油企业控制着世界上绝大部分的石油储量，因而也控制着当下和未来的绝大部分石油产量。2015 年，沙特阿美石油公司、伊朗国家石油公司、伊拉克国家石油公司和科威特石油公司共拥有世界上近 40% 的常规石油储量，而所有石油几乎都蕴藏于常规矿藏中。第四至第八大石油公司分别是委内瑞拉国家石油公司、阿布扎比国家石油公司、利比亚国家石油公司和尼日利亚国家石油公司，这几家公司控制了另外 28% 的常规石油储量。委内瑞拉的油砂层里含有丰富的石油，因此委内瑞拉力压沙特阿拉伯，成为全球原油总储量（常规和非常规）第一的国家。加拿大的艾伯塔省也有油砂层，石油储量现排名世界第三。如果将上市公司包括在内的话，俄罗斯最大的石油企业俄罗斯国家石油公司凭借1.8%的全球石油储量排在第十二位，紧随其后的是埃克森公司，它的石油储量占全球总量的1.5%左右。

不同的国有石油企业在能力、业绩和远见方面存在很大差异。从很多方面来说，挪威国家石油公司堪称国营石油企业的典范，它不仅坚持透明化运营，还大规模投资石油勘探和生产。但是，绝大多数现代化国家的国有石油企业都面临管理不善的问题，实际创造的利润远远低于其可能产生的。阿美石油公司是世界上最大的国营石油企业，总部位于海湾地区的达兰市。自1978年完成资产国有化以来，该公司一直都是世界上最大的石油生产商。这家公司的运营相当不错，但行事方式却很神秘，而在将来，这种局面肯定会发生变化。2016年，该公司决定将其5%的资产进行公开募股（预计这部分的资产市值在1000亿美元左右），但到了2017年年中，他们的上市时间仍未确定，能否成功上市也是一个未知数。2015年，沙特阿美石油公司的《年度业绩报告》列出了该公司在石油储量、生产和精炼能力方面的数据，但只有一张表格表明了销售方面的数据（还是成品油在国内市场的销售数据），没有任何数字介绍公司的营收状况（2014年，全球平均油价还未遭到腰斩，该公司的营收是每天十多亿美元）、运营成本或利润。该公司也很少发布关于全球最大油田盖瓦尔的最新消息。这引发了人们对该油田储量情况的猜测，但沙特持续的高产出显然表明，盖瓦尔油田还没到枯竭的时候。1973年，也就是原油价格第一轮大幅上涨的那一年，阿美石油公司生产了3.84亿吨原油。到了1980年，该公司的原油产量已上升到5.098亿吨；1985年，由于石油需求的减少，该公司的原油产量骤减至1.72亿吨，但到了20年后的2005年，石油需求再次创下新高，该公司的原油产量也达到了5.213亿吨。2016年，沙特阿拉伯石油产量约为5.86亿吨，仅比美国多1.3%。

伊朗国家石油公司控制着全球约9%的石油储量，几十年来，虽说该公司从事的是现代化行业，但伊朗政府一直不允许外资拥有伊朗企业的股份，也不允许外资拥有生产特许权。因此，伊朗国家石油公司只能将项目外包，并确保自身在由外国投资开发的油田生产中占有一定份额。马来西亚、法国、意大利、西班牙和中国的公司都参与了伊朗的油田开发项目。2016年，随着经济制裁的解除，这种情况发生了变化，伊朗国家石油公司邀请西方公司对石油和天然气项目进行投标。在回到原先的创纪录水平之前，伊朗的石油产量还有很长的路要走。伊朗的石油产量曾在1974年达到3.03亿吨，那也是它的历史峰值。到了2016年，伊朗石油产量达到了2.16亿吨，但仍比1974年的峰值低近30%，只是略高于10年前的水平。

洛克菲勒、"七姐妹"和国营石油公司

自由市场并不是150年来石油商业史的标志之一。为了稳定石油价格，石油行业一再试图控制原油开采的规模，或主导原油的运输和加工，又或者垄断所有这些环节。在试图垄断石油市场的公司中，1870年成立于克利夫兰的标准石油公司是最成功的，也是名声最坏的一个。借助秘

密收购及与铁路公司的交易，洛克菲勒兄弟和他们的合作伙伴先是获得了克利夫兰石油市场的控制权，然后将势力扩张至美国东北部，最终控制了整个美国的石油市场。到了1904年，他们将企业更名为标准石油托拉斯公司，并控制了全国90%以上的原油产量和85%的销售份额。

根据1890年生效的《谢尔曼反托拉斯法》，标准石油托拉斯被美国政府起诉，但直到1911年，联邦最高法院才执行拆分该公司的法令，将其拆分成30多家单独的公司，而"标准"一词继续存在于这些公司的名称中。在经过多次合并、重组、收购和改名之后，其中最大的几家公司仍然是业内大名鼎鼎的石油企业，并跻身于全球最大的上市石油公司的行列。

新泽西标准石油公司变成了埃索石油公司，纽约标准石油公司与真空石油公司合并，并于1966年更名为美孚石油公司。1972年，埃索石油公司更名为埃克森石油公司，并在1999年与美孚合并，更名为埃克森美孚石油公司，并成为业内少数几家采用双名的石油公司。1984年，加州标准石油公司改名为雪佛龙，并在2001年与德士古公司合并，成立雪佛龙德士古公司（德士古品牌只在北美洲以外的地方使用）。1984—1987年，俄亥俄州标准石油公司被英国石油公司收购，印第安纳阿莫科标准石油公司（1973年更名为阿莫科石油公司）于1998年与英国石油公司合并，成为英国石油阿莫科公司，但这个名称只使用到2000年，因为英国石油公司又收购了大西洋里奇菲尔德石油公司。

这些大型石油公司经久不衰。它们脱胎于标准石油公司，存在时间却比标准石油更长，而且业务延伸到美国本土之外。1890年，海湾石油公司在美国成立；1901年，德士古公司成立；1907年，荷兰皇家壳牌公司获得特许经营权；1909年，盎格鲁波斯石油公司成立（1917年改名为英国石油公司）。1928 年，作为标准石油公司的继承者，埃索、纽约标准石油和加州标准石油的主席与荷兰皇家壳牌石油公司和盎格鲁波斯石油公司的主席在苏格兰会面，共谋如何瓜分全球石油市场和稳定原油价格。随后，海湾石油公司和德士古公司加入了这个非正式的寡头垄断组织，该组织后来有一个广为人知的别称，叫作"七姐妹集团"——意大利石油大亨恩里科·马泰（Enrico Mattei）首先使用"le sette sorelle"来称呼该集团，在意大利语中，这一词组是"七姐妹"的意思。从勘探到汽油销售，这七家公司控制了石油行业的整个生产链，第二次世界大战结束后，它们在亚非拉等石油储量丰富的国家发现了新油田，并掌握了这些国家的石油定价权。

20 世纪 60 年代，随着欧佩克的崛起，大型跨国石油公司的主导作用开始遭到削弱，而 70 年代的国有化浪潮更使它们在全球的影响力迅速下降。1960 年，60% 以上的石油都是由"七姐妹集团"生产的，但到了 1980 年，这一比例下降到了 28%；到了 2016 年，该比例又急剧下降，只占到 13%。欧佩克成立的初衷是夺回石油定价权，但它并不是第一个明确提出该宗旨的组织。欧佩克借鉴了得克萨斯铁路委员会的运营模式。该委员会成立于 1891 年，起初只是一个监管铁路的州级机构，后来在 1919 年增加了监管石油和天然气行业的职责。得克萨斯东部油田被发现之后，油价急剧下跌。1931 年，该委员会获得了控制得克萨斯州石油生产的权利，它有权每月按比例给石油企业分配生产额度，从而限定企业的月产量。由于得克萨斯州逐渐成为美国最大的石油产地，而美国又控制着全球石油的产量（得克萨斯州生产的原油占世界原油产量的一半以上），因此拥有生产配额权的得克萨斯州铁路委员会摇身一变，从一个不知名的州机构变成一家具有全球影响力的垄断组织。1950 年，美国的原油产量仍占世界原油产量的53%左右，比1973年以后任何时期的欧佩克产量都要高（2015年，欧佩克原油产量占全球产量的42%左右），但到了20世纪50年代，形势开始急转直下。

1950—1970年，来自中东新油田的石油开始进入全球市场，对世界各国经济的迅猛发展起到了推波助澜的作用，当时全球经济的年增长率达到了前所未有的5%左右。在此期间，美国的石油需求增长了近两倍，而美国对石油的需求原本就很高。此外，随着第二次世界大战结束，西欧和日本开始从煤炭经济向石油经济转变，这两个经济体的石油需求增长速度也开始加快。到了1970年，富裕国家的石油消费量是1950年的四倍。许多低收入的亚洲和拉丁美洲国家开始工业化进程，进一步推动了全球石油需求的增长，但新开发的油田很容易满足激增的市场需求。1960年，以"七姐妹"为首的大型石油生产企业降低了原油牌价。原油牌价是一种虚拟的估值，石油企业将产油国的石油销往世界各地时，要通过牌价来计算企业欠产油国的税费和产油区的土地使用费。为了应对"七姐妹"的降价举动，1960年，五个产油国在巴格达成立了石油输出国组织，即欧佩克。

截至2017年，共有14个国家加入了欧佩克。欧佩克的创始成员国为沙特阿拉伯、伊拉克、科威特、伊朗和委内瑞拉；卡塔尔于1961年加入，利比亚和印度尼西亚于1962年加入，阿布扎比于1967年加入，阿尔及利亚于1969年加入，尼日利亚于1969年加入，厄瓜多尔于1971年加入，加蓬于1975年加入（厄瓜多尔和加蓬分别于1993年和1996年脱离欧佩克组织）。2007年1月1日，安哥拉成为欧佩克成员国之一，同年，厄瓜多尔重新加入组织，而印度尼西亚在石油产量下降后离开了欧佩克。7年后，即2015年12月，印度尼西亚重返欧佩克。但一年后，由于在生产配额问题上存在分歧，它被欧佩克取消了会员资格；同年，加蓬也重返欧佩克。2017年，赤道几内亚加入欧佩克。脱胎换骨后的欧佩克的首要任务是确保营收：欧佩克的创始成员国都认为不能容忍任何进一步降低原油牌价的行为。到了20世纪60年代末，对石油的持续高需求已开始创造出一个卖方市场。作为回应，1971年9月，利比亚提高了它的石油牌价和外国石油公司需要支付的税率——要求按55%的新税率征税。1971年2月，由于美元走软，22家主要石油公司接受了欧佩克提高牌价、税率和允许未来价格上涨的要求。

而在此之前，由于石油需求上升，得克萨斯铁路委员会于1971年3月取消了对石油产量的限制，一个由强权操控价格的时代就此终结。这完全要归功于态度强硬的石油业新贵：欧佩克组织。与此同时，许多国家预见到油价上涨，掀起了一波石油企业的国有化浪潮，该浪潮几乎贯穿了整个70年代。1971年2月，阿尔及利亚将法国石油企业51%的开采权国有化；1971年12月，利比亚开始将英国石油公司的股份进行国有化；1972年6月，伊拉克接管了所有外国企业的石油开采权；1972年10月，欧佩克批准了一项计划，允许科威特、卡塔尔、阿布扎比和沙特阿拉伯政府拥有其境内所有外国石油资产25%的所有权；1973年1月，伊朗宣布，该国政府与外国公司签订的协议在1979年到期后不再续约。此外，1973年4月，美国政府取消了艾森豪威尔总统于1959年制订的限制洛基山脉以东地区原油进口的规定，这一重大变化为建立新的石油定价机制开辟了道路。该决策实施后，美国石油的进口量开始急速增长。

1973年10月1日，为寻求更高利润，欧佩克将石油牌价从每桶2.59美元上调至每桶3.01美元，涨幅达16%。1973年10月16日，以色列在西奈半岛之战中战胜埃及之后，海湾地区的6个阿拉伯国家又将石油牌价上调17%，涨至每桶3.65美元；3天后，欧佩克的阿拉伯成员国停止对美国出口石油，直至以色列撤出它所占领的阿拉伯领土为止（此次石油禁运很快蔓延到荷兰，因为鹿特丹拥有欧洲最大的石油码头和炼油厂）。1974年1月1日，这6个海湾国家将牌价提高到每桶11.65美元，1年内，石油价格上涨到原来的4.5倍。1974年3月，海湾六国放弃了对美国的出口禁运（因为跨国石油公司只是改变了油轮的航线，禁令不可能取得理想效果）。在欧佩克第一次推高油价后的几年里，油价的变化很小。1978年，油价达到每桶12.93美元，沙特政府完全控制了阿美石油公司，将其打造成全球最大的国营石油公司（2015年，阿美的原油产量是全球最大私营石油企业埃克森石油公司的四倍）。1973—1974年，世界油价翻了两番以上（按名义价值计算，1973—1978年的油价已经是1973年的5倍），由此而产生的影响广泛而深远。在北美和欧洲，原油价格的大幅上涨和出口禁运让人们产生了一种错觉，以为石油严重短缺，于是加油站排起长队，国家实行燃油配给计划。此外，人们还普遍担心石油行业会受到贪婪的欧佩克成员国的摆布，尤其是受到石油储量丰富却喜怒无常的阿拉伯政权的摆布。

　　这些担忧很快就消退了（因为根本没有出现石油短缺状况），但是，油价大幅上涨对经济造成的严重破坏显而易见，因为几十年来，消费者和各国经济对低油价和油价下跌已经习以为常，可现在他们别无选择，只能以原来价格5倍的钱来购买燃料。油价上涨对美国经济的全面影响（1974年，美国进口原油占其需求量的22%左右）没有立刻显现出来，因为尼克松总统在第二次任期内的1973年8月实施了原油价格管制。因此，排除通货膨胀因素，1978年美国汽油的平均价格比10年前没有高出多少。1981年1月28日，里根总统上任，宣布废除原油价格管制政策，美国成品油产品价格因此升至第二次世界大战后最高水平。

日本只出口0.1%的石油,其他全靠进口,而绝大多数欧洲国家90%以上的石油需求要靠进口满足;虽然在石油供应安全方面,他们比美国脆弱,但他们也有一大优势,这便是日本和欧洲的能源利用率比北美高得多,油价激增只会促使它们更加注重利用率,并更加依赖其他燃料和核电。最值得注意的是,1974年,日本的国内生产总值下降了0.5%,随后在1975年增长了4%,但日本的能源使用总量下降了近5%。欧佩克获得了一笔巨额横财:1973—1978年,其成员国的石油总营收增长了3倍,但石油价格上涨至原来五倍并引发了高通胀率,所以从1974年(即首次涨价之后)至1978年,全球的油价其实是在下跌的。

然而在这之后不久,第二轮油价上涨开始了。1978年1月,德黑兰爆发了反对穆罕默德·礼萨·巴列维国王的示威运动。那年夏末,伊朗处于军方统治之下,到了12月份,该国石油产量急剧下降。1979年1月16日,此时正值巴列维国王逃亡期间,欧佩克的平均油价为每桶13.62美元;12个月后,宗教领袖霍梅尼回到伊朗,美国驻伊大使馆被学生中的激进分子占领,这时的国际油价几乎翻了一倍,达到每桶25.56美元。一年后(也就是伊拉克入侵伊朗后),国际油价升至每桶32.95美元。1981年3月,国际油价上涨到一个峰值,平均价格为每桶34.89美元,现货市场上最优质原油卖到每桶50美元左右。专家们普遍预测,原油价格将在几年内涨到每桶100美元。

从第一次油价上涨中复苏的经济体再次受到打击,而且此番打击更加沉重。1982年,美国国内生产总值下降了2%,但创纪录的高油价使亚非拉国家遭受重大挫折,它们的工业、交通和家庭烹饪(民众喜欢使用煤油炉)都依赖石油进口,而以美元结算的高油价降低了它们的出口收益。

不过，随着第二轮油价上涨，我们会发现欧佩克显然玩过火了。这次油价上涨过高，由此造成的三个结果足以大大削弱欧佩克的市场主导地位。油价高涨导致经济增速放缓，而低迷的经济抑制了全球燃料需求，1983年市场上对石油的需求比最高峰时的1978年降低了10%（美国市场的需求降低了21%）；过高的油价促使人们提高能效，还促进了非欧佩克国家的油气勘探和开发并取得令人瞩目的成果。1978年，非欧佩克石油生产国（不包括苏联）的石油开采量占到全球石油开采量的35%，到了1983年，非欧佩克石油生产国的份额更是上升到了45%，而欧佩克成员国的份额下降到只有31%。

起初，欧佩克试图保持高油价，并在1982年将市场价降至每桶33.63美元，但石油供应持续过剩；到了1983年年初，欧佩克不得不将油价降至每桶28.74美元。1985年8月，沙特决定不再扮演油价调节者的角色（即不断削减石油产量以稳住不断下跌的油价），将石油价格与现货市场价值挂钩，并在1986年年初将开采量加倍，以重新夺回它失去的市场份额，欧佩克的好日子终于结束了。到了1986年1月，国际油价跌至每桶20美元；4月初，国际油价曾一度跌至每桶10美元，随后暂时稳定在每桶15美元左右。80年代的最后几年，甚至在伊拉克入侵科威特时（即1990年8月2日），油价依然很低。第一次海湾战争期间（1991年1月16日至2月28日），国际油价短暂上升，而接下来的十年里，石油价格大多数时候保持在每桶15~20美元。

1997年1月，石油平均出口价格达到每桶23美元，但由于亚洲发生了一场短暂但严重的金融危机，石油需求下降了。到了1998年12月，油价降至每桶9.41美元。人们再次认为低油价是理所当然的事情，而且能源需求再次开始上升，即使在那些已经拥有最大规模用户群和最大进口国的富裕国家，能源需求仍在增加。20世纪90年代，美国的能源消费增长了近15%，法国增长了17%，澳大利亚则增长了19%；日本经济尽管停滞不前，但能源消费却增长了24%。1999年年底，欧佩克在全球石油产量中所占份额再次升至40%以上，油价上涨到每桶25美元以上，并在2000年9月短暂超过每桶30美元。2001年9月11日，美国遭受恐怖袭击，此后全球经济开始衰退，油价再次下跌。但到了2005年年底，油价翻了一番，达到每桶50美元以上，并在2006年保持在同一水平线上。接下来的10年里，油价经历了两轮史无前例的暴涨暴跌。

跌宕起伏的10年油价

原油价格继续稳步上涨，以下价格指的是位于俄克拉荷马州库欣的主要交易中心报出的美国得克萨斯州西部中质原油❶离岸价：2007年年底原油价格达到每桶95美元；2008年7月的第一周，油价增速加快，达到了每桶145.31美元的历史新高。2008年9月15日，雷曼兄弟公司申请破产，第二次世界大战后最严重的经济危机开始以惊人的速度蔓延。到2008年年底，原油交易价格仅为每桶33美元。半年之内原油的价格下跌了79%。美国政府展开经济救援工作（救援手段就是大量印发钞票），油价开始回升。2009年，油价翻了一番以上；2011年年底，油价达到每桶100美元。2012年和2013年，油价短暂上扬，2013年年底价格为每桶99美元。紧接着，到了2014年，2008年那一幕开始重现：6月底，油价达到

---

❶ 中质原油即WTI原油，该原油期货合约具有良好的流动性及很高的价格透明度，是世界原油市场上的三大基准价格之一。所有在美国生产或销往美国的原油在计价时都以轻质低硫的WTI作为基准。

每桶107美元的峰值，年底又回落至每桶53美元。一年后，油价下降到每桶37美元。而在2016年2月份的第二周，油价继续下跌到每桶26.19美元；到了年底，它又翻了一番，涨到了每桶54美元。但到了2017年年中，油价再次跌到每桶50美元以下。

  油价经历了长达十年之久的跌宕起伏，主要有几个原因。油价最开始增长时，背后最重要的推动力是需求的增加，不仅传统的西方大型石油进口商需要更多石油，迅速发展的中国和印度也需要更多石油。但是，还有其他因素驱动着油价上涨，比如伊拉克被入侵后动荡不安的局势；人们普遍担忧恐怖袭击，担心沙特油田，尤其是那里的石油码头遭受空袭。此外，股票市场的低回报率使人们把注意力转向对石油期货的投机性投资。还有，新闻媒体散播了一些具有误导性质的报道，称全球石油产量即将达到顶峰，随之而来的将是人们开始争夺日益减少的资源，而这预示着现代文明将在痛苦中终结（见第五部分）。2008年7月份，油价超过每桶140美元，不少能源专家便预测油价马上会涨到每桶250美元。但是，即使经济没有衰退，这些专家的观点也是错误的，因为如此高的油价会重现1981年需求遭到破坏的那一幕（如果把通货膨胀和经济对石油的依赖程度考虑在内的话）。

  与此同时，我们必须明白一点：能造成油价大幅度波动的不仅是全球石油供需方面的微小变化，还有市场的预期，而且这两种趋势之间不存在简单的关联性。1980年，毛拉（伊斯兰教的一种教职）接管伊朗后，尽管石油消耗下降了4%，原油价格却上涨了51%。1986年，石油消耗增长了3%，油价却下跌了46%；同样，2009年，石油消耗下降近2%，但油价下降了38%；2015年，石油消耗增长近 2%，但油价下降 30%。美国开发页岩油，推动石油产量增加，引发了人们对石油供应过剩的担忧。

任何实体都不能控制油价，不然的话，该实体必定对价格的剧烈波动有一种特殊的癖好，而且几乎永远缺乏稳定性和可预见性（见图 1.5）。油价剧烈波动以及这些不可预测的过度波动对全球经济造成的后果给我们留下了重要的经验教训，然而它们已经被人们普遍忽视或误解。首先，价格的总体波动，尤其是 1973 年后反复出现的高油价，并不代表石油短缺问题已经迫在眉睫或很快就要到来，因为全球石油资源依然丰富。三十多年来，人们之所以对石油供需的小规模波动反应过度，关键原因就在于欧佩克没有创造出足够的安全防线。2003 年，欧佩克的产量仅比第一轮油价上涨时的 1973 年高出 1%；到了 2015 年，欧佩克试图使油价下跌，从而扼杀美国页岩油生产商这股不断增长的力量，并致使其中许多生产商破产。它提高当年产量，使产量比 2003 年高出 20%，但这种以低价扰乱市场的新策略并没有收到预期效果。2016 年 11 月，欧佩克再次削减了原油产量。

一直以来，欧佩克面临的最大挑战就是将油价控制在会导致石油需求大幅下降的水平以下，从而促使非欧佩克国家加大油气勘探力度，并促使政府对替代能源的投资给予补贴。在公开声明中，欧佩克一再宣称它厌恶这种破坏需求的价格，并承诺稳定石油市场，确保石油供应安全，但它的行动往往产生完全相反的效果。

但是，欧佩克从来都不是唯一的价格制定者。西方国家的需求一直是定价的关键因素，而富裕经济体在减少对石油的依赖方面其实可以采取更积极的措施；与此同时，位于纽约、伦敦和新加坡的三大国际石油

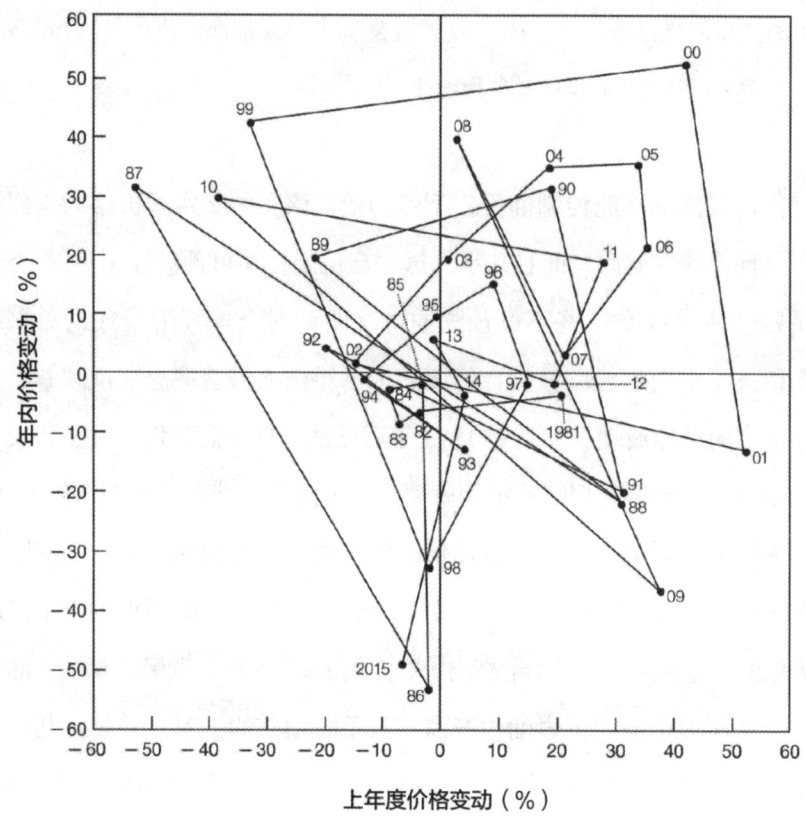

图 1.5　1981—2015 年石油价格的逐年变化情况

交易所进行的投机买卖可能会放大原本微小的价格变化，尤其是在人们对突如其来的变化（比如经济衰退、需求突然增长等）做出过分反应或发生灾难性事件（比如卡特里娜飓风导致墨西哥湾石油生产中断）的时候，又或者在人们仅仅担心灾难性事件发生的时候。随着美国掀起页岩油开采浪潮，以及美国重新崛起成为全球最大的石油生产国，许多评论家认为欧佩克已经失去了它的影响力，但这个结论是错误的，就跟他们以前说油价完全在欧佩克掌控之中一样荒谬。毫无疑问，欧佩克的定价能力因美国页岩油产量上升而大大削弱，但无论这种尝试在未来几十年有多么成功，也没有什么能改变一个事实：绝大多数常规原油资源都掌握在欧佩克成员国手里，尤其是中东成员国。光是凭借这一点，欧佩克就能保持长久影响力。

第3章
"上天给人类的诅咒"

从伊拉克到伊朗:石油打造的火药桶?

作为世界最重要的唯一化石能源,石油的全球开采、运输、加工和燃烧影响着现代生活的各个领域。经济发展(最贫穷国家除外)、石油输出国和进口国的内政外交、民众生活质量、世界强国的大量战略思考(尤其是战争时期的军事行动)以及地球的环境状况都与石油有着明显的关联,但实际上,所有这些联系错综复杂,而且它们所造成的后果往往是跟人们的直觉判断相反的。

长久以来,蕴藏于化石燃料当中的一次性能源是现代经济发展的必要引擎,但仅靠储量丰富的石油还不足以带来了不起的经济成就,也不足以确保生活水平的提高。

苏联在解体之前是世界最大的原油和天然气生产国,但该国的经济低迷,苏联公民的平均收入只是法国或德国民众平均收入的一小部分,而法德两国的石油几乎完全依赖进口。石油储量丰富的现代化(我更喜欢用"发展中"一词)国家,尤其是欧佩克成员国,更能说明这个问题。除了尼日利亚(2017年人口数量为1.9亿)和伊朗(人口数量为8000万)

以外，欧佩克成员国的人口非常少或相对较少。自20世纪70年代初以来，它们从石油进口国赚取了巨额财富（但正如上一节内容所提到的那样，油价波动很大）。

2012年，也就是石油销售利润创下新高的那年，欧佩克国家的经常账户❶盈余接近5万亿美元，但在2015年，账户出现了1000亿美元的赤字；沙特阿拉伯从盈利1650亿美元（人均5650美元）变成亏损410亿美元。过去的暴富岁月明显地改变了所有中东产油国的面貌，但如果仅从新建的摩天大楼数量、大型机场数量和购物中心数量来判断一个国家的进步，可能会产生误导的效果，因为经济和社会的进步是不能与新增的财富划等号的。

石油、自由和腐败

人类发展指数（Human Development Index，简写成HDI）是最具启示作用的经济社会发展指标之一，它由三大部分组成：人均预期寿命、成人识字率和小学至高等教育的综合毛入学率、按购买力平价❷表示的人均国内生产总值。

这个简单的指标很好地反映了一个国家的相对成就，它表明中东国家虽然石油资源丰富，但社会发展程度却较低。2015年版的《人类发展报告》（*Human Development Report*）共列出了188个国家，位居前十的国家包括挪威、澳大利亚、美

---
❶ 经常账户是记录生产、收入的分配、再分配以及收入使用的账户，具体包括生产账户、收入分配以及使用账户。
❷ 购买力平价是根据各国不同的价格水平计算出来的货币之间的等值系数。目的是对各国的国内生产总值进行合理比较。

国、加拿大和新西兰，但沙特阿拉伯排在第 38 位，阿联酋排第 41，超级富有的小国科威特排第 48，伊朗排第 69（尼日利亚排在第 152 位，甚至落后于排第 149 位的安哥拉）。

更能说明问题的是某个国家的人均国民总收入（GNI）与该国人类发展指数排名之间的差异：只用国内生产总值判断时，正数表明该国发展状况高于预期；而当一个国家的人类发展指数落后其国民总收入时，就会出现负数。

从这方面讲，所有盛产石油的波斯湾国家的社会发展状况都不如人意。它们不仅有些分数是负数，而且是全球最低分，这表明其他国家并没有像它们这样肆意挥霍其财富（见表 1.1）。按政治自由指数计算的话，沙特阿拉伯、伊朗、伊拉克、阿联酋、卡塔尔、阿曼等五个波斯湾产油国就跟利比亚、阿尔及利亚和委内瑞拉等国家排在最后一档；科威特和尼日利亚则进入排名较低的政治部分自由一档。

另一组对比指标则涉及腐败。很久以前，欧佩克创始人巴勃罗·佩雷斯·阿方索（Pablo Pérez Alfonso）曾说石油是"上天给人类的诅咒"，使人类养成浪费、腐败和过度消费的习惯，每一个新加入欧佩克的国家都充分验证了他的结论（石油资源丰富的挪威不包括在内），尤其是最近加入欧佩克的安哥拉（2007 年成为欧佩克成员国）和赤道几内亚（1995 年发现石油，2017 年获准加入欧佩克）。国际透明组织在 2016 年发布了《全球清廉指数》(Corruption Perception Index)，透明度最高的国家是丹麦（90 分），透明度最低的则是索马里（10 分）。

利比亚和伊拉克的腐败指数接近索马里的水平，安哥拉的腐败指数为18，尼日利亚为28，俄罗斯则以29分向盛产石油的欧佩克成员国靠拢，伊朗同样得到29分，而沙特阿拉伯的腐败指数则是36（见表1.1）。

表1.1 盛产石油的中东地区社会发展程度较低

国家	人类发展指数排名*	国内生产总值减去人类发展指数排名	政治自由指数	腐败观念	
				指数	排名
卡塔尔	40	-13	6	6.0	32
阿联酋	41	-18	6	6.2	31
科威特	44	-11	4	4.8	46
阿曼	71	-30	6	5.4	39
沙特阿拉伯	77	-33	7	3.3	70
伊朗	99	-29	7	2.7	105

*人类发展指数排名是指该国在177个国家中的排名。政治自由指数中，6~7代表不自由；4~5代表部分自由。腐败观念是指该国在163个国家中的排名。

很明显，石油资源丰富的国家并没有利用其可观财富来建设更公平、更少腐败现象的社会，中东国家尤其如此。事实上，情况正好相反，因为它们经常（在极高程度上）表现出许多阻碍社会真正实现现代化的负面因素。虽然它们拥有在高度和体积上屡破纪录的摩天大楼和巨型的机场，但这些都无法弥补庞大的财政赤字。

当我们把目光转向政府和民间机构的稳定性以及长远的安全前景时，

情况也没有好到哪里去。在所有石油储量丰富的非西方国家中，只有两个国家（卡塔尔和阿联酋）的政局和社会稳定无需长期关注和猜疑。几十年来，绝大多数欧佩克国家的长期稳定性令人担忧，沙特阿拉伯、伊朗和尼日利亚尤其如此。

这些担忧引发了一些疑神疑鬼的报道，认为上述国家肯定会出现不祥之兆和灾难性状况。也许我们要记住的是，写这些报道的人既不懂阿拉伯语，也不懂波斯语，他们对伊斯兰文化的了解仅限于重复那些经常被误解的术语，比如"伊斯兰圣战"或"教令"。若想对沙特阿拉伯这个中东的最大产油国进行评估，必须要考虑到该国庞大的统治家族内部决策的隐秘性、国家传统文化的复杂性以及国内正在缓慢进行的改革。遗憾的是，关于这个国家，我们看到的描绘时常带有夸张和讽刺的意味，而没有展示其真实状况。

最值得注意的是，几十年来，沙特王室一直被描绘成缺乏稳定性和安全感并且与世隔绝的家族。许多评论家已经明确预言，宗教狂热分子或已失去耐心的改革者很快就会以暴力手段把腐败无能的沙特亲王们赶下台，沙特阿拉伯即将灭亡。然而，对于要求更广泛民主权利的民众呼声，沙特王室只做出了相对较小的让步（比如在2015年，王室最终允许妇女在地方选举中行使投票权），它仍然牢牢控制着这个国家。当然，这一简单论点并不能证明沙特王室确实能维持长久稳定的政局，而只是提醒我们西方国家在分析中东局势的过程中一再犯错。

伊朗局势同样扑朔迷离。几十年来，伊朗的原教旨主义统治者为了影响力和权力而争斗不休，旁观者必须要考虑到这种斗争的复杂性。民族主义狂热分子不仅通过周期性高油价获得的收益强化自身力量，而且由于美国入侵伊拉克，伊朗借机扶持巴格达的什叶派领导层并趁机将势力渗透到了伊拉克。因此，西方某些时事评论员一直把伊朗描绘成一个敢作敢为的准超级大国。它制订了宏伟的计划，想把中东变成什叶派的天下（该国一直想要制造核武器，这给中东的未来更加蒙上了一层阴影）。往小的方面说，这个计划会破坏整个中东地区的稳定性；往大的方面说，它甚至可能导致全球冲突。不过，这个国家还有更多务实的领导人，他们可能会得到很大一部分年轻人的支持。这些受到政府严格控制的年轻人发起过几次公开的街头示威，但他们不太可能成为这个原教旨主义国家的主人。

这些产油大国的担忧不止于此。阿尔及利亚经历了一场漫长而残酷的内战，其世俗政府与原教旨主义者进行了斗争，因此国内政局仍未稳定。利比亚领导人公开放弃了数十年反复无常和暴力的行为方式，不再像1988年炸毁泛美航空公司航班那样行事，不再支持海外恐怖组织活动，也不再发展核武器。之后，利比亚的前景曾一度变得更加光明，但是这种刚萌芽的克制态度并没有持续多久。2011年，卡扎菲死后，利比亚四分五裂，战事不断，交战各方无法就重建一个真正有效的联合政府而达成一致，但这并不妨碍利比亚的石油产量在2016年和2017年大幅回升。

石油对政治和政策的影响也一直存在于那些通过大规模石油进口而实现繁荣的富裕国家。影响的表现形式多种多样，有些国家对石油出口国持可疑态度；有些国家利用石油进口作为理由，不仅提倡使用替代能源，而且对替代能源的使用提供巨额补贴。

石油进口国对中东产油国的态度最为极端。在西方政治精英看来，与中东国家打交道，不仅要向那些心狠手辣的统治者卑躬屈膝，还要热心地向他们售卖武器，这种做法至少会让美国重新思考它与沙特阿拉伯的关系（在很多时事评论员看来，沙特是一个由王室统治的、滋生恐怖主义的、背信弃义的原教旨主义国家）。西方许多政治家和激进主义分子认为，中东地区一直政局不稳定，要想减少对中东石油的依赖，最好的长期解决方案就是实现能源独立。

为此，在20世纪70年代后期，美国开始对洛基山脉油页岩进行成本极高的大规模石油开发（该计划很快就流产）。此次勘探过后，美国不加以鉴别地推广从玉米提炼出来的乙醇汽油，并给予消费者巨额补贴，但乙醇汽油有害环境，算不上一种优质能源。从纯粹的经济角度来看，放弃有限资源、转而寻找一种更昂贵替代品的做法适得其反。就拿乙醇汽油来说，生产这种汽油只产生很少的净能源回报。中东国家靠出口原油为生，对它们长期实行石油出口禁运是不太可能的事情，事实上，卡扎菲统治下的利比亚或霍梅尼统治下的伊朗都是西方国家忠实的石油供应商，西方的假定盟友沙特阿拉伯同样如此。尽管如此，减少对进口石油依赖的举动在经济和战略上都极具意义。提高国内能源自给自足的水平将改善贸易平衡状况，而虽然产油国可能愿意一直向西方供应燃料，但敌对势力可能会打破石油供应的连续性。由于伊朗可能有能力关闭霍尔木兹海峡并禁止邮轮通行，而中国又拥有整个中国南海的主权，这样的情况更有可能发生。

几十年来，美国一直都梦想着能源独立，但这个难以实现的目标却突然以一种出人意料的方式更加接近现实。美国迅速采用水平钻法和高压水砂破裂法从页岩中采油。这是一种新型采油方法，我们将在第四部分对其进行详细说明。"高压水砂破裂法"俗称"水力压裂法"，其效果惊人，使美国再次成为世界最大的油气生产国。

石油是战争导火索？

某些粗心的历史学家一再夸大石油的战略作用，其中最臭名昭著的例子就是日本宣称其之所以在1941年偷袭珍珠港，是因为罗斯福政府于1940年废除了美日两国于1911年签订的《通商航海条约》(*Treaty of Commerce and Navigation*)，并从1940年7月开始不再发放航空汽油出口许可证，而且他还在1940年9月增加了一道禁止废钢铁出口的禁令。

为此，有人替日本狡辩说，上述因素迫使日本偷袭美国，以确保日本能获得印尼和缅甸的油田资源。然而，这种说法忽略了一个事实，即日本于1933年开始入侵满洲，并于1937年开始进攻中国本土。如果日本放弃侵略中国，它就可以随心所欲地进口任何商品。显然，偷袭珍珠港是日本自己犯下的愚蠢错误。没错，希特勒在入侵苏联后确实想占领富饶的巴库油田，但德国对捷克斯洛伐克、波兰、法国、英国、南斯拉夫、希腊和苏联等国的侵略显然不是为了控制外国的石油生产。

相反，外国对中东国家进行间接干预（包括军售、军事训练和慷慨的经济援助）的目的并不是为了稳定或颠覆石油储量丰富的中东国家政府。冷战期间，它们最明显的干预行为包括在1953年推翻伊朗摩萨台政府；苏联向埃及、叙利亚、利比亚和伊拉克出售（或仅仅是转让）武器；美国同时向伊朗（1979年以前）、沙特阿拉伯和海湾国家运送武器；此外，西方国家也在旷日持久的两伊战争期间（1980—1988年）为伊拉克提供支持，当然了，还有1991年的海湾战争和2003年美国入侵伊拉克，这两场战争常常被描绘成纯粹的石油战争。

1990 年 8 月，萨达姆·侯赛因占领科威特，伊拉克的原油储量因此而翻番（约占世界原油总储量的 20%），它还直接威胁到附近的沙特超大型油田，进而威胁到沙特这个君主国的生存，而该国控制着世界四分之一的石油储量。因此，1991 年参加"沙漠风暴行动"的大规模反萨达姆联盟和 50 万人军队可被视为石油驱动战争的完美例子。

不过，美国入侵伊拉克还有其他原因：萨达姆想建造核武器，而拥有了核武器之后，伊拉克会统治整个中东地区，并破坏该地区的稳定，致使另一场两伊战争或阿以战争一触即发。如果说 1991 年海湾战争的主要目的是为了控制石油，节节胜利的联军至少会占领伊拉克南部油田，那他们为什么没有接到这样的命令呢？

同理，美国在 2003 年 3 月占领伊拉克的背后有着更复杂的考量，其中最重要的两个因素是伊拉克政权十年来拒绝遵守联合国的大量决议，以及"9·11"恐怖袭击对美国的外交政策造成了影响。这两个因素都导致国际社会从"试图孤立巴格达的敌对政权"向"先发制人"转变，以应对可能发生的新的恐怖袭击。事后看来，国际社会错误估计了伊拉克在生产大规模杀伤性武器方面取得的进展，从而产生了错误的恐惧感。但与此同时，美国还有一个隐秘的宏伟战略目标，那就是在中东的一个重要国家最终建立起一个民选政府，并在极其动荡的中东地区把这个政府变成一个强大且稳定的政治榜样，有效制衡任何激进主义倾向。即使该目标无法实现，也不会有悖初衷。

许多时事评论员过分简单地认为，这些都是石油驱动战争的明显案例,但事实并非如此。为了入侵(2003年)和占领伊拉克(美国最后一支正规部队于2011年撤离伊拉克),美国付出了高昂的人力和经济代价(据保守估计,经济代价高达数亿美元),而这个国家恢复石油生产之后,美国却不是主要受益者。2012年,即美国撤军一年后,伊拉克出口的原油72%流向东亚(主要是中国)和欧盟;到2015年,这一比例升至90%。显然,美国从来没有靠伊拉克的石油来生存(现在的依赖程度更低了,因为美国重新获得了世界最大石油生产国的地位)。

但是,石油对现代军队的重要性是不言而喻的。第一次世界大战期间,铁路、骑兵、马车、枪支和急行军占据了主导地位。第二次世界大战期间,德国和苏联仍然大量使用马匹,但这也是第一次以卡车、坦克和飞机为主的机械化部队的大规模对抗。

此后,随着各国军队装备了更强大的坦克,并引进了喷气式飞机,燃料需求也随之增加。美国60吨级的M1A1艾布拉姆斯主战坦克每百千米消耗的煤油不少于400升(相比之下,奔驰2017款S600型轿车在城市道路上行驶一百千米的油耗为21升,而2017款本田思域行驶每一百千米只耗油10升)。

超音速战斗机的煤油消耗量非常大,如果没有空中加油机在飞行途中加油,战斗机就无法完成远距离飞行任务。不言而喻,在美国所有政府机构中,国防部的石油消耗量是最高的。2015年,美国国防部的石油需求约占政府所购精炼燃料的90%。但是,有一点还是值得提醒的:在实力不对称的冲突中,石油方面的优势并不是一个决定性因素,越南战争、2001年的"9·11事件"恐怖袭击以及随后几年发生的多起自杀式爆炸事件（尤其是发生在伊拉克和巴基斯坦的自杀式爆炸事件）就充分证明了这一点。

社会成本并非想算就能算

谈到石油业对环境的影响，也许最有新闻价值的事件就是巨型油轮间或发生泄漏事故，大量石油流入海洋和海滩上，造成海滩或礁岸的持续污染以及海鸟大量死亡，类似事件经常见诸报端。浮游生物受到污染和缺氧沉积物中持续存在的石油则较为不引人注目，但这对底栖生物会造成长期影响。

最严重的油轮泄漏事故发生在1979年，当时"大西洋女皇号"油轮在多巴哥外海泄漏了28.7万吨原油；而在1991年，"ABT夏日号"油轮在安哥拉沿岸泄漏了26万吨原油。这两起事故都发生在离海岸很远的地方，因此它们受到的关注远不及世界第三和第四大原油泄漏事件，即1983年"卡斯蒂略德贝尔弗号"油轮在南非萨尔达尼亚湾外泄漏了25.3万吨原油，以及1978年"阿莫科卡迪兹号"油轮泄漏了22.3万吨轻质原油，其中大部分原油被冲到了布列塔尼海滩。到目前为止，21世纪最大的油轮泄漏事件发生在2002年11月，当时希腊的一艘单壳体油轮"威望号"在加利西亚海域泄漏了6.3万吨原油。

人们对原油泄漏原因进行了研究，发现船舶搁浅、碰撞和船体故障（按顺序排列）是这些事故的主要成因。好消息是，自20世纪70年代以来，大大小小事故的石油泄漏量一直在下降，每年从船舶泄漏的石油总量多年来都低于自然渗透到海洋的石油总量；坏消息则是，对漏油地点的长期研究表明，有毒的海面底层石油和低于致死量的长期外露石油对野生生物有着持久的影响，而且令人意外的是，这种情况长期存在。1989年3月24日，埃克森石油公司的油轮"瓦尔迪兹号"在阿拉斯加威廉王子湾发生原油泄漏事故。有关方面对这起北美最著名的油轮泄漏事件进行了调查，更深入理解了原油泄漏对海洋生物的影响。"瓦尔迪兹号"触礁后，虽然只泄漏了3.7万吨石油，却造成了多达27万只海鸟的死亡，并给海洋生物带来了很多长期影响。

埃克森公司支付了约20亿美元用于清理泄漏的原油，并向阿拉斯加州缴纳了10亿美元罚款。因此，修复该海域以及威廉王子湾礁岸和海滩（至少从表面上修复）的费用之高是此前的原油泄漏事故所无法比拟的。2010年，位于墨西哥湾的半潜式钻井平台"深水地平线"发生爆炸，4—7月共泄漏了62万吨原油，平台所属的英国石油公司被处以高额罚款和其他赔偿（到2017年为止，罚款总额约为500亿美元）。相比之下，位于墨西哥坎佩切湾的Ixtoc 1钻井在1979年至1980年可能泄漏了多达140万吨石油，而墨西哥石油公司却没有支付任何罚款。幸运的是，经过蒸发、乳化、下沉、自动氧化及最重要的微生物氧化作用之后，绝大多数小规模泄漏出来的原油或者沿海或内河船只泄漏出来的炼油产品会自然分解，从而减轻它们对地表水的影响。

政府加强监管后，发生重大漏油事件的风险便降低了。新法规要求所有1996年7月6日以后交付的、载重量在600吨及以上的油轮必须有双层船壳和船底；至于油轮悬挂旗帜和人员配备方面，新规没有做出更改。世界上大多数油轮（和其他货轮）悬挂的是方便旗❶，也就是说，这些船只的所有权和控制权与船只登记国毫无关系。目前有近三十个国家（利比里亚、洪都拉斯、伯利兹、巴拿马、马耳他和西班牙都是全球主要

---

❶方便旗是一国的商船不在本国而在它国注册，不悬挂本国旗而悬挂注册国国旗。

的方便旗提供国,但这份名单还包括内陆国家玻利维亚和蒙古)为逃税的低劣做法打掩护,并帮助石油企业逃避原油泄漏责任。这些油轮的船员绝大多数是亚洲人,例如菲律宾人和印度人占了高级船员数量的一半以及低级船员数量的 90%。

在新闻报道过的环境灾难中,1991 年的科威特油井大火可能是最为著名的原油泄漏引发的火灾事件。700 多口油井和气井被点燃,人们耗费了 9 个月的时间才扑灭大火。石油燃烧产生的微小粒子可以在空中停留数周,所以它们被风吹到了很远的地方。1991 年 2 月,也就是伊拉克军队放火焚烧科威特油井十天之后,大火产生的碳颗粒出现在了夏威夷。随后的几个月里,利比亚到巴基斯坦以及也门到哈萨克斯坦这片区域的地面接收到的太阳辐射减少了。但是,石油燃烧对环境和人体健康的影响比太阳辐射要大得多,因为前者会产生一氧化碳、有机碳水化合物(VOC)和氮氧化物(NO_x),这 3 种物质是光化烟雾的前兆。

20 世纪 40 年代,人们最先在洛杉矶观测到光化烟雾,并很快把它的主要源头锁定为汽车排放。随着世界各地用车量激增,所有大城市地区都开始经历季节性(以多伦多、巴黎为代表)或近乎永久性(以曼谷、开罗为代表)的光化烟雾污染,这些烟雾不仅有损人体健康(比如眼睛受刺激、肺部产生问题等),还会对原材料、农作物和针叶树造成损害。加州最近一项流行病学研究还表明,若儿童居住在高速公路 500 米范围以内,其肺功能会受到严重损伤。

这种不利影响(与整个区域空气质量无关)可能会导致儿童日后肺活量严重不足。北京、新德里以及中国和印度的其他大城市现在所经历的极端雾霾天气源自汽车尾气排放及发电厂对煤炭的大规模燃烧,而由于周期性的逆温现象限制了大气混合层气流的厚度,并将污染物留在地面附近，这些城市的雾霾变得更加严重。

为了减少一氧化碳、有机碳水化合物和氮氧化物的排放，人们采用了三元催化器。该设备有助于降低雾霾水平，但在使用之前，人们必须先生产无铅燃料，以避免铂催化剂中毒。几十年来，使用含铅汽油的汽车在交通密度较高的城市造成了严重的铅污染。1975 年，美国开始淘汰含铅汽油，并于 1990 年完成转换。以异丁烯和甲醇为原料生产的甲基叔丁基醚（MTBE）成为最常见的汽油添加剂，以提高辛烷值和防止发动机爆震。

从 1995 年开始，甲基叔丁基醚占到了新配方汽油比重的 15%。人们提高它的占比，目的是减少空气污染。然而，甲基叔丁基醚是一种潜在的人体致癌物，只不过未被官方正式列为致癌物而已。它易溶于水，并且已经污染了许多水井。从 2003 年开始，美国禁止将甲基叔丁基醚作为汽油添加剂使用，转而使用乙醇。

精炼燃料燃烧后释放的单位能量所产生的二氧化碳少于煤炭，但总体而言，燃烧化石燃料产生的二氧化碳已成为世界上最大的碳源。1968 年，这部分碳源约占全部二氧化碳排放量的 43%。到了 1974 年，液体燃料生成的碳所占比例上升到近 50%，但在 20 世纪 80 年代后期，这一比例与煤炭燃烧产生的二氧化碳基本相同。20 世纪 90 年代，液体燃料再度领先；但到了 2004 年，由于中国迅速加大开采力度，煤炭又成为化石碳的最大来源。2015 年，液体燃料燃烧产生的碳约占所有化石燃料产生的碳总量的 34%，而煤炭的碳排放量约占 41%。如今，固体燃料排放物几乎无一例外地来自固定污染源（可通过二氧化碳的螯合作用进行控制）。与固体燃料不同的是，液体燃料的大部分碳排放来自运输行业，唯一可能的控制方式就是防止它们的产生。燃烧每升汽油约产生 2.3 千克二氧化碳，而燃烧每升柴油会产生 2.6 千克二氧化碳。

在我们努力寻找石油真正成本的过程中，所有这些经济、战略、健康和环境方面的负担都应该考虑在内。但这些尝试是极其复杂的，因为量化外部效应（例如由烟雾引起哮喘病发作的代价是什么？）、回答反事实问题（例如中东地区如果没有石油，但仍有穆斯林自杀式圣战者执意要袭击美国，美国国防部能节省多少经费？）以及设置分析边界（例如城市扩张的所有问题都应该归咎于汽油吗？）离不开许多假设、近似值和不确定性。

显然，这些难题都没有明确的解决办法。因此，若要对原油或汽油的真实价格进行估算，结果可能只会比现价或成本略高一些，而它们实际上比市价高出了一个数量级。关于后者的一个绝佳例子就是国际技术评估中心于 1998 年完成的对美国汽油实际成本的研究。当时，美国的汽油价格只需每加仑 1 美元多一点。加入税收和石油公司项目补贴、保护补贴（主要是军事方面）、环境、卫生和社会成本（从空气污染到城市扩张）和其他费用（从道路拥堵造成的出行延误到车祸和补贴停车造成的无补偿损害）后，汽油实际成本提高到每加仑 5.60 ~ 15.14 美元。2015 年的一项研究得出结论：光是大气排放成本，就应该将美国每加仑汽油价格提高 3.80 美元。

我非常赞成更切合实际的成本评估方式，但我也必须指出，它们在方法层面存在许多问题，并且这些方法本身就有偏差，因为它们没有考虑到使用这些补贴燃料而带来的好处。不同的假设和变化了的分析边界会产生相互矛盾的结论：美国石油企业是否享受不合理的补贴？还是他们得到的好处相对较小？在现代经济中，汽车的生产和使用究竟是一种净效益还是一种净负担？不计收益的例子随处可见，比如：救护车把病人迅速送到医院;为了节约时间,人们乘飞机出行,而不是乘火车出行;或者为了更好的空气质量而放弃燃烧木柴或煤炭。单一方法不可能解决所有问题,但以下重要结论是成立的:成品油产品的价格肯定无法反映出社会的实际成本。

第二部分
石油政治下的油田之谜

在第一部分，我们回顾了人类对石油的依赖性，以及这种依赖性带来的许多经济、社会和政治后果。绝大多数人对至少一种后果相当熟悉，但相比之下，人们对原油错综复杂的起源以及这种在我们生活中扮演如此关键角色的重要商品的实际成分知之甚少或一无所知（附录 B 对原油的基本属性和度量单位做了总结）。

"油"是个统称，指两种截然不同的化合物，它们在常温和常压下都是液态。原油（稍后会对其重要性做出解释）是石油企业从地壳最顶层开采出来的一种碳氢化合物，主要成分为氢和碳以及其他矿物物质。这些化合物可以是气态的（天然气），也可以是液态或固态的（比如沥青、焦油）。另外一种"油"大量存在于生物圈，是我们饮食中的重要组成部分（比如从种子和坚果中提取的植物油），或者用来改善饮料口感和提高香水质量（比如草药或柑橘果皮中的清香精油）。虽然成分类似，但它们不能被归类为碳氢化合物，而碳水化合物指的是由碳和氢原子形成的单糖类有机分子（单糖和双糖），其聚合物产生的淀粉和纤维素是生物圈中最充足的有机物质。

石油的词源学

نفت（读作"纳夫特"）是一个古老的波斯单词，表示"地下的一种黑色液体"，古希腊采用了这个词语，但绝大多数欧洲语言最终接受了希腊语 πετρέλαιο（读作"佩特累拉伊奥"）的变体 petrélaio，即"石油"之意，从而演变出英语单词 petroleum，法语单词 pétrole，意大利语 petrolio，或德语的 Erdöl，荷兰语 aardolie 这样的直译版本。由于石油必须经过加工（提炼）才能生产出适用于特定用途的各种液体燃料，所以，"原油"才是该物质的准确术语以及美式英语的常见用法，而德语和法语的"原油"叫法分别为 Rohöl 和 pétrole brut。在现代西方国家的用法中，"石脑油"一词语义已经缩小，指一种特定的原油精炼产品（见第四部分）。这个古波斯词语的原始广义含义被保留了下来，变成阿拉伯语 النفط（读作"阿尔纳夫特"），并迁移到斯拉夫语中，变成俄语 нефть（读作"内夫特"）和捷克语 nafta（读作"纳夫塔"）。然而，现代阿拉伯语如今习惯使用舶来的希腊语，报纸采用 بترول（读作"比特鲁艾尔"）的写法；中文和日文都采用"原油"的说法，标准普通话发音为 yuán yóu，日语发音为 genyu；"石油"的中文发音为 shí yóu，日语发音为 Sekiyu。

更准确地说，"原油"是一个复数名词，而不是单数形式的集体名词，因为"原油"包含了相当多的异质性物质，并且这些物质在外观、成分、黏性、易燃性、质量等方面相差甚大，因此在经济实用上也大有不同，而且价格相去甚远。再者，这些差异不仅体现在不同油田之间，而且还体现在单个大型含油岩层的剖面内部。一些原油黏性极强，几乎不流动，因此有大量原油散落在砂层和页岩层微小的液滴中。我们之所以用一个同质单数名词来归纳原油这种具有延展性的连续统一体，不是因为它们的液体状态，而是因为多系列碳氢化合物能够共存。

石油的起源也非常复杂，为两种截然相反的碳氢化合物形成理论留下了空间。主流理论认为，油气是古代有机物死亡后经过长期复杂转换之后的产物，而俄罗斯 – 乌克兰的石油地质学学派认为，碳氢化合物是在高压高温下形成的非生物产物，它们从地幔深处向上涌动，被困在靠近地球表面的多孔结构中。在这部分的末尾,我将回顾石油地质学的一些基本概念和石油形成过程,比如"沉积系统""储集岩层"和"油气转移"等概念,并将这些背景和知识与主要产油省份和最大油田关联起来。

第4章
地层底下知多少

原油不是化合物，而是复杂的混合物

绝大多数成年人都熟悉普通成品油产品（包括汽油、柴油、煤油、润滑油、沥青）的颜色（或无色）和特殊气味，但很少人见过原油从地下采集上来或被油轮和管道输送到炼油厂时的样子。原油的外观各不相同，既有类似于汽油的高流动性轻量液体，也有较重的红棕色液体，甚至还有黏性极强的柏油状黑色物质。原油不是化合物，因而不可能写出它们的化学公式。原油是由数十种碳氢化合物和其他次要成分组成的复杂混合物。元素分析结果表明，碳约占原油总质量的85%（83%～87%），氢占13%（11%～15%），氢碳比约为1.8，烟煤约占0.8%，甲烷约占4%。

原油中最小的碳氢化合物分子是气态甲烷，而最大的分子有80多个碳原子。三个碳氢化合物系列（这些碳氢化合物有通用公式，但其成分因碳氢分子数量不同而有所不同）在原油的成分中占主导地位（见图2.1），它们的学名分别是烷烃、环烷烃和芳烃，但在石油行业，它们俗称石蜡、环石蜡（或萘）和芳香剂。烷烃是原油中含量第二丰富的同系物，约占原油总质量的四分之一，它们的通称是石蜡（"石蜡"的英文来自拉丁语

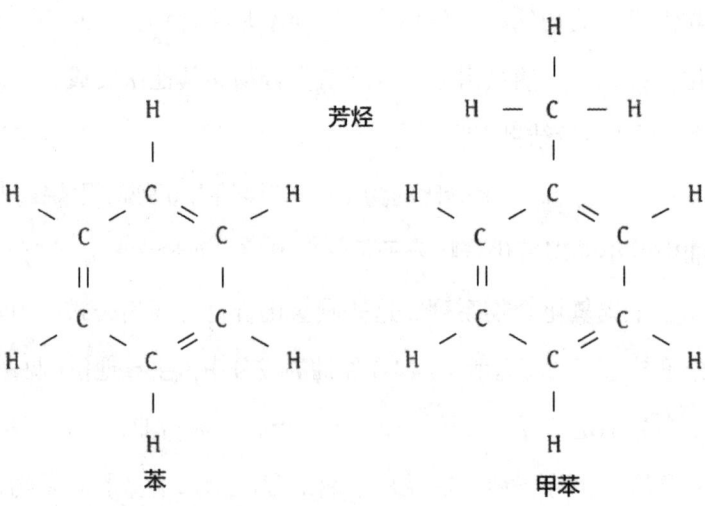

图 2.1 最常见的液态烷烃、环烷烃和芳烃的分子结构

parum affinis，即"轻微亲和性"之意），指这种物质具有惰性，既不与强酸反应，也不与碱性化合物（或含氧化合物）发生反应。

烷烃要么是直链（正常）分子，要么是支链分子；前一类烷烃大约有60个分子，第二类烷烃理论上可衍变出数百万个分子。甲烷和乙烷是两种最轻的直链烷烃，在大气压下处于气态；丙烷和丁烷也是气体，但很容易被压缩成液体（因而被称作"液化石油气"，简称LPG）。带5个碳分子（戊烷）到16个碳分子的烷烃是液体，其余的都是固体。戊烷、己烷和庚烷通常是原油中含量最丰富的烷烃。液态天然气（简称NGL）是一种低分子量碳氢化合物，可溶解在天然气中（无论是在伴生油藏还是在非伴生油藏中），需要用特殊处理设施与天然气分离。液态天然气包括乙烷、丙烷、丁烷和异丁烯（也就是液化石油气）和气体凝析油；换句话说，烷烃含有2到8个碳原子（$C_2H_6 \sim C_8H_{18}$）。液态天然气生产有时候是跟原油开采分开报道的。《石油与天然气》（*Oil & Gas Journal*）是该行业的主要出版物之一，它从不把液态天然气产量计算在内，因此其公布的全球原油总产量总是低于美国政府、联合国和英国石油公司包含液态天然气的常用统计数据。

环烷烃（即石油工业中的环烷类化合物）是原油中含量最多的化合物（通常占原油重量的一半），其中甲基环戊烷和甲基环己烷含量最高。这些饱和碳氢化合物由5个（环戊烷）或6个（环己烷）碳原子形成环状，它们往往融合成馏分较重的多环分子，比如存在于煤油当中的双环环烷烃和存在于润滑油当中的四环和五环化合物。芳烃（即芳香烃）是一种高活性的不饱和液体，其名称源自带悦人香气的芳烃化合物，这些化合物的共同特点是至少有一个苯环，环上附着长长的直侧链。苯是芳烃系列的第一种化合物，它与烷基衍生物同时出现（比如甲苯、乙苯和二甲苯）。多环芳烃（萘、蒽和菲）是重油和润滑油中最常见的成分，它们占原油质量的20%以下。

烯烃（俗称"石蜡"）是有机物中最常见的碳氢化合物（在动植物组织中以油的形式存在），但我们只能在一些原油中发现它们的踪迹，因为它们很容易在石油形成过程中变成烷烃（含氢）或硫醇（含硫化氢）。然而，原油在提炼过程中会大量形成烯烃，并成为合成化学的主要原料。原油还含有非碳氢化合物（有时归入沥青范畴），其浓度在原油提炼残余物中最高。按重量计算，沥青在原油中所占比例不到10%，其中包括硫（通常存在于硫化物和硫醇中）和氮（主要存在于吡咯、吲哚和吡啶当中）的化合物。

在石油的碳氢化合物当中，金刚烷的结构最引人注目。它的碳原子呈椅状排列，形成类似于钻石的分子，兼具强挥发性（挥发性与煤油差不多）和相对较高的熔点（熔点高于锡），而这种异乎寻常的热稳定性意味着金刚烷的浓度会随着温度的升高而增加。金刚烷可以用来降低烃源岩生成石油烃所需的最高温度，并用来估算天然裂解过程对原油的破坏程度。

硫（基本上来源于古代有机质中存在的硫键）是原油中最常见的、最不受欢迎的污染物，因为硫燃烧后会产生二氧化硫，而二氧化硫是酸雨的元凶。所谓的酸油的硫含量超过2%（这意味着在残余的油和沥青中，硫的含量通常在5%以上），而甜油的硫含量则不到0.5%，其中一些原油（来自尼日利亚、澳大利亚和印度尼西亚）的含硫值甚至低于0.05%。除了主要的烃的同系物和非烃化合物之外，有些原油的铝和重金属含量相对较高（包括铬、铜、铅、镍和钒），但绝对含量仅为1%。

直接蒸馏轻油将产生较多轻质馏分。石脑油占尼日利亚轻油的

20%，煤油含量另占 20%，残余物仅占总重量的三分之一；相比之下，科威特重油蒸馏之后，将产生不到 25% 的石脑油和煤油，并留下近三分之二的残余物。以汽油和煤油需求为主的市场当然更喜欢轻油，原因在于，为了生产我们想要的产品组合，提炼轻油所需的催化裂化过程（见第四部分）较少。富含石蜡的轻油倾点较高。轻质原油可以在零下 50°C 的温度下流动（低于零下 20°C 时通常都可以流动），而相比之下，一些石蜡含量较高的轻质油即使在 40°C 时也会凝固，甚至那些倾点高于凝点的油也可能需要加热，或者必须使用特殊添加剂来降低油的黏度，才能在寒冷气候下通过管道运输。大庆油田是中国最大的油田，来自该油田的石油就是一个含蜡量较高的原油的例子：石蜡占其原油重量的 26% 左右，而它的油的胶凝点为 32°C。

形成原油的液态碳氢化合物具有非常相似的比热容（比热容也被称为"能量密度"，即某种物质的单位质量燃烧所释放的能量），所以不同原油的总能量相当一致，即在每千克 42～44 兆焦（MJ/kg），而国际能源统计通常以 42 兆焦/千克（或 42 吉焦耳/吨）作为将化石燃料转化成能量的标准参考值。这就意味着原油的能量密度比最好的无烟煤（29～30 兆焦/千克）高出约 50%，大约是用于发电的普通蒸汽煤能量密度（20～24 兆焦/千克）的两倍，大约是干木材能量密度（16～18 兆焦/千克）的 2.5 倍，是低等级褐煤能量密度的 4 倍。低密度气体燃料指的是 1 立方米天然气所含能量相当于 1 升原油（1/1000 立方米）所含能量的气体燃料。

与煤相比，石油的高能量密度也许是这种燃料最重要的优势。但是，液体燃料之所以比固体燃料更受欢迎，以及第二次世界大战后全球能源之所以从煤向石油迅速转变，还有其他一些原因。人们已经注意到，原油的氢碳比（H/C）较高，这意味着石油炼制产品燃烧后的单位能量所产生的二氧化碳比煤少20%～25%，而二氧化碳是最重要的温室气体。虽然一些原油的含硫量很高，但成品油中的硫含量远低于硫和煤，且它们燃烧所产生的二氧化硫要少得多，而二氧化硫是导致酸化沉积（即酸雨）的最主要气体。此外，与烧煤不同的是，液体燃料燃烧后只产生少量颗粒物质。

石油的另一个明显优点是容易长距离运输。与煤炭不同的是，原油及其精炼产品可以通过管道进行便捷和非常安全的运输，而且成本低廉；我们还可以用油轮把原油和成品油运到世界各地，但这样成本很低，风险却较高。与煤不同的是，液体燃料还可以通过油泵方便地储存在大型地面储油罐、地下水库或天然洞穴中。成品油有着广泛的用途，既可以用于家庭和工业取暖，还可以用于发电，为陆运、水运和航空运输提供动力。一些石油馏分也有重要的非燃料用途，比如用作化学原料、润滑剂和铺路材料。最后，原油之所以能到达地表，要么是因为储集层压力自然升高，要么是因为人们通过机械升高油压（主要是油泵）。开采原油不涉及任何危险的地下工作；同样地，原油的炼制和输送过程也是高度自动化的，不会造成太大的职业风险。

动植物遗骸的产物

化石燃料是由远古生物遗骸、陆生和水生植物以及异养生物的残留物经过长期积累、埋葬和转化而形成的有机矿物质，这个观点已是地质界的标准共识。化石燃料以三种物质形式存在于地壳中，分别是固体（煤、泥炭）、液体（原油）和天然气。如前所述，"石油"是一个复数名词,这样才能表明石油化学成分和物理性质的异质性。所有的煤都是通过植物体(即植物生物量)的积累和转化形成的,而植物体是太阳能(辐射或电磁能)以酶为中介物转化为新植物组织化学能过程中形成的产物。这些能量转化发生在类似于如今东南亚泥炭沼泽森林的环境中。这些地方保存着完好的叶痕以及石化的细枝、粗树枝和树干,它们为石油的起源提供了充足的证据。

光合转换在远古时代就有了。太古宙沉积物中的有机碳证明地球在38亿年前就有了第一批原核光合作用产物,但大量的煤沉积来自大型陆地植物的快速光合作用留下的巨量有机物残骸沉积物。到目前为止,最大规模的煤资源源自古生代(Palaeozoic)(即 5.44 亿~2.45 亿年前,煤资源主要集中于其中 3.59 亿~2.99 亿年前的石炭纪),其余大部分来自中生代的上层和中层沉积物(即侏罗纪和白垩纪时期)和最古老的新生代(Cenozoic)(即古新世时期)。只有劣质的褐煤和泥炭是第四纪(Quaternary)的产物,该时期最古老的沉积物在不到 180 万年前就已经沉积下来了(见表 2.1)。

与带有明显植物特征的、固定不变的煤矿相比,石油的源头不是那么容易追溯。石油是有流动性的,这就意味着人们发现石油的地方通常不是它形成的地方,况且碳氢化合物可通过化学和物理手段改变,这就使得人们不免猜测碳氢化合物是由煤转化过来的,或由基岩气体聚合而成。毫无疑问,液态和气态碳氢化合物可以通过无机化学反应由碳氢原子直接生成,尤其是通过甲烷前驱物质聚合而成,但有确凿的同位素证据表明,这些非生物反应过程并不能产生可满足全球需求量的原油。

现代石油地质学家和地质化学家一致认为,无机物形成的油不具有商业价值,而原油源自生物质遗骸,即主要由单细胞浮游植物(以蓝藻

和硅藻为主）、浮游动物（尤其是有孔虫类）以及高等水生植物（水藻）、

表2.1 地质时间表

年代				始自 （距今百万年）	生命的重要 里程碑
宙	代	纪	世		
显生宙	新生代	第四纪	全新世		文明社会
			更新世	1.8	智人
		新近纪	上新世	5.3	南方古猿
			中新世	23.8	腊玛古猿
		古近纪	渐新世	33.7	第一批大象
			始新世	54.8	第一批马
			古新世	65	第一批 灵长目动物
	中生代	白垩纪		144	显花植物
		侏罗纪		206	第一批鸟类
		三叠纪		248	第一批 哺乳动物
	古生代	二叠纪		290	爬行动物
		石炭纪		354	有翅昆虫
		泥盆纪		417	第一批鲨鱼
		志留纪		443	第一批 硬骨鱼类
		奥陶纪		490	第一批 脊椎动物
		寒武纪		543	三叶虫
元古宙				2500	氧气生成
太古宙				3800	古细菌
所有分类依据来自《美国地质学会》（Geological Society of America）					

无脊椎动物和鱼类组成的有机化合物。此外，由河流带入海洋的陆源有机质也是沉积生物质的重要组成部分，而许多石油来源于富饶的湖泊环境。只有一小部分石油是由生物烃的积累及其随后的转化直接形成的。

构成原油的烷烃、环烷烃和芳烃等碳氢化合物存在于植物中，只不过含量很低，且种类非常少。值得注意的是，植物烷烃分子链中的碳原子都只有奇数（海洋物种有 15～21 个碳原子，陆地植物有 25～37 个碳原子）。这种奇特现象存在于未成熟的烃源岩层中，但在原油中，植物烃链随机分解后，奇数碳分子和偶数碳分子的数目相等。萜烯（即异戊二烯聚合物）是另一类重要的植物烷烃，常出现在树脂（特别是在针叶树中）、香精油（例如柠檬油精，柑橘的香味便来自于此）和其他重要的化合物中，包括视黄醇（即维生素 A）及类胡萝卜素中的番茄红素。某些从萜烯中提取的化合物被认为是原油中重要的生物指标。

石油似乎主要来自非烃类有机分子。沉积物中的这些分子会经历微生物代谢过程（即细菌生成过程），而最重要的是，它们还要经历长时间的热分解（即生热作用）。最近，有人在澳大利亚皮尔巴拉·克拉顿的黑页岩中发现了大量沥青结节（深色易燃有机物质）和焦性沥青残留物，更加证明了这个过程早已存在。皮尔巴拉·克拉顿是世界上最不受人类活动干扰的花岗绿岩地带之一，那里有一些已知的最古老的页岩。沥青结节和焦性沥青残留物的存在表明：早在 32 亿年前，海洋沉积物中的有机物质就开始形成原油了。

绝大多数非烃类有机化合物属于由脂肪酸和甘油组成的三大类物质之一，这三大类物质分别是：碳水化合物（包括纤维素、含糖复合物和葡萄糖，是植物中的主要化合物）、由脂肪酸和甘油组成的蛋白质（形成动物和人类肌肉的物质）及脂质（即脂肪）。生物体还含有诸如叶绿素（使细菌、藻类和植物呈现绿色的物质）和血红素（存在于动物之中）等代谢色素，它们的卟啉环（以铁离子为中心）通过与血色素和叶绿素产生反应，保留在原油以及镍和钒的卟啉类合物中，被认为是石油生物起源的重要标志。植物和原油中存在的相同碳氢化合物、动植物脂类和油类碳氢化合物的结构相似性以及生物标志物的出现，皆证实了石油的有机来源。

世界上绝大多数石油不仅来自被有机物质渗透的沉积岩，还来自具有极高光合生产力的地质时代。在现代各种海洋沉积物中，人们发现了大量的类油液态碳氢化合物，这表明生物油的形成具有连续性。另一个值得注意的特性来自光合作用过程中的优先碳同位素分馏。在石油中，碳13和占主导地位的碳12这两种稳定同位素的比值类似于植物碳13和碳12的比值（光合作用优先选择较轻的同位素），与碳酸盐岩层的同位素比值则相去甚远。原油中之所以普遍存在氮化合物，最好的解释就是原油来自有机物，因为氮化合物是氨基酸的关键组成部分，而氨基酸是蛋白质的主要成分。

有机物是通过一个长期且连续的过程转化为石油的，而这个过程始于生物质在沉积环境（海洋或湖泊）中的积累。原始微生物耗氧降解后，很大一部分沉积物的碳以二氧化碳的形式返回大气。随后，产甲烷的硫酸盐还原菌厌氧发酵，释放出甲烷和氢化硫。最终，有机物被埋在缺氧的泥浆中，形成了分子链更长的化合物，并产生了油母质，这是一种由大型有机分子组成的复杂不溶性混合物。油母质主要由来自海洋和陆地的脂类组成，氢碳比小于1.25，绝大部分商业开发出来的原油和天然气混合物都源自油母质。

烃源岩（通常为页岩或石灰岩）中的油母质可占有机质重量的10%之多，但普遍含量为1%～2%，而光是后者就足以将烃源岩视为石油的源头之一了。随着油母质的逐步堆积,温度和压力开始上升(地壳温度通常每往上 1 千米就上升 25～30℃,但在许多地质构造活跃地区,温度上升幅度就要大得多),累积下来的有机物最终会受热降解(分馏)。这个过程类似于炼油厂从重油馏分中生产较轻的燃料(见第四部分),它会分解长链分子,产生较轻的化合物。油母质会转变为黑色或褐色固体(或接近固体)的高分子沥青,沥青的特殊气味暴露了它的主要成分,即包括沥青和蜡在内的重质碳氢化合物。沥青分子键断裂后会产生由轻质碳氢化合物和重质碳氢化合物分子构成的复杂混合物。

烃源岩形成过程中需要不同温度,地球化学家将其划分为 3 个主要阶段。成岩作用阶段(沉积物转化为沉积岩)仅发生物理和化学变化,50°～60℃ 的较低温度和 1 千米以下的地底深度是这些变化的起点。成岩作用是热裂解的主要过程,在 65°～150℃ 这个所谓的"成油窗口"温度范围内,成岩作用是最有效的。随着温度升高,燃气和石油的比例不断增加,石油的绝大多数复杂成分在 80°～120℃ 产生。环境温度升至 200℃ 以上,成分结构就会发生热变化。成油窗口也可以用岩石深度来界定:在地温梯度较高(大于 5℃)的地方,上覆岩层的最小厚度可能小于 1 千米;而在地温梯度较低的地层中,成油窗口可延伸至 8 千米以下,最佳产油环境约为 2.2～4.5 千米。

一般认为,只暴露在低温环境下的烃源岩是不成熟的,而环境温度超过 200℃ 的烃源岩则过度成熟。在后面一种情况下,原油成分变得不稳定,干燥的气体(基本上是纯甲烷)成为主要产物。产油率还受到压力和耐热菌(或者说嗜热菌)的影响;从水和周围矿物中产生的氢和氧以及具有催化活性的过渡金属也参与了这些转变。有些油气层的天然气产量微不足道,有的油气层(作业温度接近成油窗口的上限)则只产天然气。在天然气投入商业用途之前的几十年里，石油钻探者发现天然气时都深感失望，直接把气体排掉或几乎全部烧掉。

过去5亿年形成的石油绝大部分被油气层里的嗜热菌降解，并在高达80℃的温度下保持活性。这些微生物的新陈代谢非常慢，动辄要花数百万年的时间。它们能够破坏石油的许多成分，产生较为浓稠的重油。与中东地区的油气资源相比，这种由生物降解的石油在全球油气资源中占据重要地位，它们主要集中在美洲科迪勒拉山系东侧前陆盆地的浅层储集层中，这些地区包括了盛产重油和焦油的加拿大西部艾伯塔省和萨斯喀彻温省，以及委内瑞拉东部盆地（奥里诺科焦油带），那里拥有世界上最大的油气成藏（见第五部分关于当地油气开发的内容）。

显然，石油的形成是一个多因素作用且高度持久的过程。原油的最佳形成环境不仅需要普遍较高的光合生产率，还需要较大比例的原生油气成藏（即油气储量）。然而，即使在这种理想的条件下，也很少有单一的大面积烃源岩层产生，原因在于光合作用时而增强（营养物质大量流入），时而放缓，随后的生物埋藏速度可能太慢以至累积生物量大量有氧氧化，同时热处理过程也有可能不够充分或过了头。

考虑到过去5亿年中沉积下来的有机物残骸数量丰富，而这些残骸有足够长的时间转化为液体燃料，因此成油过程显然是相对低效的。大规模石油矿藏的形成需要大量原始有机物沉积下来，而已知可进行商业开采的石油形成期都比最晚冰期高峰还要晚，且最古老的石油只能追溯到古生代。人们对煤碳形成过程进行近似对比后，发现把每单位碳从有机物转移到石油中所需的古生物量比将它留在煤炭中所需的生物量高1000倍，这说明石油对有机物沉积的需求极高。

煤和石油的形成，需要多少碳？

煤的形成过程具有较高的碳保存率。近 15% 的碳元素从植物转移到泥炭中，其中 75%～95% 的碳元素最终变成了煤。地下采煤活动通常能回收 50% 的碳元素，而地表采煤活动能回收 90% 的碳元素。因此，论到碳元素总回收率（即最终变成燃料的碳元素在植物质中的初始含量百分比），褐煤高达 20%，最优质无烟煤低至 2%，而最常见的烟煤的碳回收率约为 10%。换句话说，煤要产生 1 单位碳，就要在古代植物质中锁定 5～50 个单位的碳。

与煤的形成过程相比，在海洋和湖泊沉积物的形成过程中，碳的保存比例较低（很少超过 10%，往往小于 1%），而在随后有机沉积物的加热和加压过程中，碳的保存比例更低。公开数据还显示了一组范围较广的碳保存比例，而原油的开采比例也比煤要低得多：最初存在于含油层中的碳只有 10%～20% 最终进入市场。这就意味着原油中的碳平均总采收率小于 0.01%。平均而言，要在已投入市场的原油中产生 1 个单位的碳，最初的封闭生物量中就需要存在 1000 个单位的碳（或少至 100 个、多至 30 万个或以上碳单位）。而原油经过炼制之后，该采收率会进一步降低。还有一个数字更令人难忘：每 25 吨含碳海洋生物量只能形成 1 升汽油，即含碳量约 640 克、重量约 740 克的汽油。

到目前为止，根据地质学家和地质化学家的普遍共识，我已经对石油起源的观点进行了回顾，但我要指出的是，从 20 世纪 50 年代初开始，另一派关于石油起源的理论诞生了，它就是俄罗斯和乌克兰科学家提出的关于碳氢化合物非生物成因的有趣假说。该假说与疯狂的斯大林主义科学（李森科主义遗传学便是典型案例）无关，其理论基础源自理论思考和广泛的实地考察，且数十年间，人们用了四千多页论文和著作来讨论和挑战这个假说。最重要的是，人们借助非生物成因理论进行了大量探索式的勘探活动，最终发现了石油，并从里海地区、西伯利亚西部和第聂伯-多涅茨盆地的众多油气田的结晶基底岩中开采出石油。

非生物也能形成石油？

普遍观点认为，高还原性的高能密度碳氢化合物是由高氧化低能密度有机分子形成的。俄罗斯和乌克兰科学家却认为该说法违反了热力学第二定律，因为这种高还原性分子的形成需要高压，而如此高的压力只有在地幔中才能遇到。杰森·F.肯尼（Jason F. Kenney）是这一理论的主要倡导者，他供职于美国休斯顿的天然气资源公司（Gas Resources Corporation），同时也为俄罗斯国家科学院（Russian Academy of Science）工作。他和俄罗斯同事做了一些实验，采用一种特殊装置模拟地球表面100千米以下的高压（50兆帕）和高温（高达1500℃）环境，从而生成了完整的石油液体。2002年，肯尼公布了研究结果。尽管他的论文发表在《美国国家科学院院刊》（*Proceedings of the National Academy of Science*）上，但非生物成因论并没有得到广泛接受。

几乎所有欧洲和北美石油地质学家都赞同石油生物成因论，并采用最新的分析方法为该理论提供了更充分的证据。

原油中的生物标记物（包括卟啉和脂类）明显来源于有机分子，同位素分析也证实了碳氢化合物中的碳同位素比与陆地和海洋植物的碳同位素比相同。碳和氢的同位素分析结果认为，非生物成因烷烃不可能大量存在于世界各地。然而，这并不意味着非生物成因碳氢化合物不存在，也并不意味着我们无法很好地解释所有主要油气资源的成因。别忘了，科学理论是会转变的，地质学就是最佳例子之一。地质学家曾一致否定板块构造论，直至该理论（自20世纪20年代开始，德国气象学家阿尔弗雷德·魏格纳一直是板块构造论的坚定支持者）在20世纪60年代突然成为现代地质学的一个关键理论。

第 5 章
大型产油区如何诞生？

商业化开采也有地质要求

油藏是否可以进行商业化开采，是由三大地质要素决定的，包括丰富的烃源岩、可渗透多孔储集岩和能够把原油锁住的圈闭构造。有机物含量相对较高的烃源岩和沉积物的形成受控于 3 种速率的相互作用，即生产率、降解率和稀释率。

相应地，所有这些速率都是由多种外部因素控制的（通常是一种非线性过程）。每种速率至少可以在一个数量级之间波动，而且只有 3 种速率适当结合起来，才能产生高积累率。对有机物积累速率有重要影响的其他因素还包括有机分子的硫化作用以及它们在黏土颗粒表面（或内部）的吸附作用，这两种过程都使分子不易氧化，并增加了其保存下来的可能性。

海洋环境中的初级生产力（光合作用）主要取决于透光层（即被阳光穿透的部分）营养物质的可用性（水生环境中的氮、磷和铁的通量❶尤其重要）和大气中二氧化碳的浓度。相应地，养分浓度取决于海洋上升流，

---

❶通量指的是在流体运动中，单位时间内流经某单位面积的某属性量。

也就是海洋较深处富含营养的水向海面流动的强度、范围以及河流对营养物质的迁移情况，而受地球轨道、地壳构造和气候影响的二氧化碳的长期波动通常会使这种沉积作用带有明显的周期性。

高生产率更有可能超过分解率，导致生物体残骸的净沉积量增加，但光靠这一点并不能保证沉积量大幅增加，因为很大程度上它们会被过度的稀释作用抵消。有机沉积物的降解（主要是通过微生物降解并以二氧化碳的形式使碳返回大气层）速率主要取决于氧的浓度。在富含氧气的环境中，有机沉积物的降解速率较其在贫氧或缺氧环境中快一个甚至两个数量级。因此，水底缺氧环境往往被认为是有机物得以保存的主要因素。有机物的衰减是一个非线性过程，只有每升水中氧气含量少于1毫升的环境才有机会累积大量生物体残骸。

有机物碳沉降这一稀释过程可能是极不稳定的，会跨越4个数量级，达到每平方米20千克。沉降可以为累积生物体的保存和随后的加工创造最佳环境，要实现这种最佳环境，有机物的掩埋（达到与氧气分离的目的）速度和沉积物有机含量的下降速度（即下降到能够产生富油烃源岩的水平以下）之间就必须达成微妙的平衡。在海洋生态系统中，高稀释率也可能是高光合生产力的结果。高光合生产力使沉积物中氢含量降低，并遗留下大量海洋生物外壳和骨骼，例如，绝大部分球石藻类（单细胞浮游生物）沉积物就是由这些生物结构复杂的碳酸盐外壳组成的（见图2.2）。

在各个地质时代，有机物的堆积以及由此而产生的烃源岩并不是均匀分布的，而是明显地集中在有限的时间间隔内，而间隔长短和重现频率主要由全球大地构造旋回决定，其次由轨道振荡所造成的地球气候变化所决定。储存在地壳中的有机物总量约为10^{16}吨，其中10^{14}吨（即

100万亿吨）储存在富含有机物的岩石中（以页岩为主），这些岩石含有至少3%的有机物（烃源岩中有机物比例为1%～40%不等；而在某些类型的煤中，有机物比例几乎达到100%）。

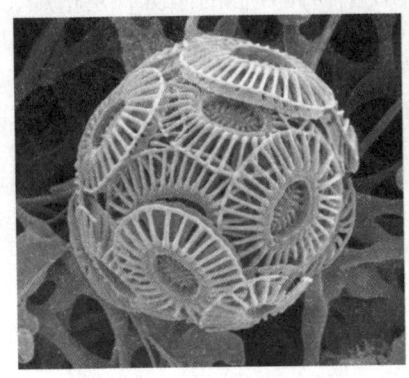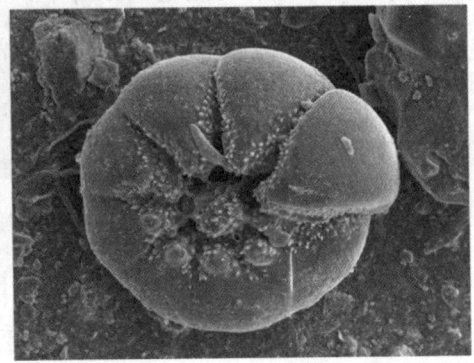

图2.2　球石藻（也被称作"赫氏圆石藻"）和有孔虫目原生生物身上构造复杂的碳酸盐外壳

对全球有机物堆积情况按较长时间跨度进行大致划分后，我们能够看出不同地质年代对世界各地油母质储量的贡献如下：

· 近30%的油母质来自白垩纪中期（约1亿年前）。

· 25%的油母质来自侏罗纪晚期（约1.5亿年前）。

· 泥盆纪晚期（3.5亿年前）、志留纪（4.08亿～4.38亿年前）和寒武纪早期（约5.5亿年前）各贡献了不到10%的油母质。

可见一半以上的油母质来自中生代中晚期，因此地壳最上层的薄薄一层岩石中存在着类似比例的石油也就不足为奇了。石油是地球留给人类的遗产，它一亿多年来与世隔绝，而随着成品油的燃烧，这份遗产也随之发生改变。

碳氢化合物形成后，接下来就要从油母质岩层中释放出来，变成可开采石油资源。原油会从相当（或高度）难以渗透的烃源岩移动（即迁移）

到相对高渗透性的储集岩层，最终到达地球表面，在细菌作用下进行分解。在遥远的地质年代，究竟有多少石油能够到达地球表面并被细菌相当迅速地分解，我们无从得知；我们只知道有些石油被各种圈闭封闭在储集岩中，尚未为世人所熟悉，也未被人们凭借地球物理勘探和钻探（见第三部分）等手段发现。

在初次运移过程中，石油会从烃源岩中排出。尽管水总是无处不在，但石油并不总是以溶液或乳状液体形式（石油相当难溶于水）通过孔隙的。油气运移是由上覆岩层压力驱动的一种独立运动，岩石的断层和裂缝为其提供了便利。从烃源岩排出的石油仅占运移液体的一小部分（约0.1%），而且是高度分散的，因为富含有机质的单一形式的烃源岩面积可能达到数百平方千米。

石油的二次运移则要通过一种渗透性大得多的多孔岩石介质，其动力主要来自石油的浮力。石油被输送到圈闭中，并在那里聚集起来。三次运移（原油泄漏或渗漏）是指石油从圈闭转移到地表。运移过程中，碳氢化合物失去其挥发性成分，变成很重的非液态物质，这些半固态或固态物质大量存在于地壳中。

几乎所有可用作商业开采的油藏都是运移的产物。石油在储油岩中就地生成的可能性极低，因为这需要烃源岩恰好位于圈闭之内。说起储集层，人们脑海中往往会浮现出大型液态油藏的画面，但地下油藏极为罕见。相反，储集层指的是这样的地下岩石体，其孔隙度和渗透性足以储存和输送液体，使它们最终能够流入钻孔。储集层的形状取决于周围的地下岩层结构或地下岩层的断续情况，它们既有可能是相对较浅的、形状不规则的水平晶体，也有可能是陡峭的楔形环绕结构。

孔隙度是指储油岩中的孔隙比例，孔隙可以被碳氢化合物填充——

当然，它们也可以被水和非碳氢化合物气体填充。在岩石沉积过程中，它可能会形成高孔隙度（即原生孔隙）；高孔隙度还可能形成于地层的后期变化（即由再结晶作用或地层压裂形成的二次孔隙）。然而，孤立的孔隙会妨碍原油的开采，因此，决定最终产油率的是有效孔隙度，即岩石中相互连通的孔隙的总量。沉积岩通常比裂缝最多的火成岩或变质岩都更多孔。

迄今为止，砂岩和碳酸盐岩（即石灰石和白云岩）是最常见的储油岩，它们的孔隙度通常占岩石总量的10%～70%（某些石灰岩会达到这个比例），但普遍比例在20%～30%。

渗透率是岩层输送流体能力的量化指标。可渗透岩层有大量相对较大的连通孔隙，但不渗透岩层（页岩就是一个很好的例子）的孔隙较小，且连通性较差。有效渗透率是指存在不止一种流体时岩层输送某一种流体的能力，而与孔隙度一样，有效渗透率是一个更能说明问题的指标。渗透率以"达西"作为计量单位（以D表示），其数值可以横跨4个数量级，从0.1毫达西到10达西以上。诸如盐岩、页岩和硬石膏（即硫酸钙，一种海水蒸发后形成的软岩）等不渗透岩层能够把储油岩的岩层封闭起来，历经多个地质时代，因为它们的渗透率仅为 10^{-6} ～ 10^{-8} 达西。孔隙度和渗透率好的储集岩层可分为两大类，即碎屑岩和碳酸盐岩。

储油层的故事

碎屑沉积物是由各种岩石的碎片形成的，这些岩石移动后重新沉积，形成了新的岩层，包括最常见的砂岩、粉砂岩和页岩。碎屑沉积物最终汇聚成砂岩储集层，而许多不同的碎屑也会经历类似过程。当山涧溪流流到较为平坦的开阔地时，扇状冲积区便堆积了大小各异的蚀变物质。这种间歇性沉积很少会产生巨大的储集层，委内瑞拉的基里基雷也许就是最显著的例子。河流沉积了大量河沙和碎石，尤其是在呈辫状或蜿蜒的溪流。阿拉斯加的普鲁德霍湾就是起源于一条辫状河流，人们在那里发现了三叠纪砂岩沉积物。

湖泊的沉积物只能形成数量有限的大型油藏，最为显著的就是中国的沉积湖。相比之下，源自海底扇状地带的沉积岩蕴藏着丰富的油藏，比如北海的福尔蒂斯油田。但是，任何碎屑岩系统都没有河流三角洲形成的储集岩多。三角洲储集岩形状各不相同，从长条形到波浪状，不一而足。

全球石油产量至少有五分之二来自三角洲沉积物，尤其是美国墨西哥湾沿岸的第三纪储集岩、委内瑞拉的一些沿海油田、尼日尔三角洲和里海南部地区。浅海平地也是理想的沉积环境，烃源岩经常在那里与储集岩一起形成，北海中部的油田就是这样起源的。

世界上许多大型储集层都位于碳酸盐岩中，而这些碳酸盐岩要么是由海水中的钙与浅海中的碳酸盐离子发生化学反应（沉淀）后形成的，要么是通过生物矿化作用形成的。海洋生物产生大型碳酸盐结构（比如造礁珊瑚）或不断产生大量小型贝壳就是生物矿化作用的例子，其中球石藻类和有孔虫目原生生物是最常见的生物矿化现象的载体（见图2.2）。

方解石和文石是两种化学性质相同的化合物（两者都是碳酸钙），但晶体结构不同。它们是石灰石的主要成分。在海水蒸发或物体深埋的过程中，镁会代替部分钙，并因此形成白云石；而白云石是白云岩的主要成分，其孔隙度较高，是理想的储集岩。碳酸盐碎裂和重新沉积后，也可以成为碎屑沉积物。

这些沉积物大多起源于浅海（大陆架），它们最简单的两种形态便是坡面（侧面平缓）和台地（顶面平整，侧面有陡坡）。位于波斯湾的全球最大油藏源自侏罗纪或白垩纪的大陆架石灰岩，得克萨斯州西部和新墨西哥州东南部的二叠纪粒状灰岩使这两个州成为了美国大陆近海的产油大省，而艾伯塔省的大型油田是泥盆纪珊瑚礁产油的突出例子。白云岩储集层分布也很广，其中产油率最高的就是（来自上侏罗统的）阿拉伯台地储集层。深海碳酸盐较为少见，墨西哥的波萨里卡（Poza Rica）和北海的埃科菲斯克（Ekofisk）是最突出的例子，喀斯特储集层也同样少见，其中属中国的碳酸盐岩古潜山最为著名。

石油被限制在各种圈闭形成的油藏中，圈闭岩层呈圆顶状或倾角状，可以通过各种构造和沉积过程形成，并且由高度不渗透的岩石封住（见图2.3），这类岩石中最常见的就是页岩或蒸发岩。

构造圈闭是由地壳变形形成的，油气圈闭具有明显的背斜结构和光滑的拱形（凸出）褶皱，世界上近五分之四的最大型油藏源自这种圈闭。有些背斜圈闭的储集层位于凸出部位的正中央（岩心），上面覆盖着不透水的岩层。背斜构造要么巨大无比，且几乎完全对称（在地形图上看是椭圆形的），要么被正向断层、逆向断层和横移断层（能够防止石油进一步运移的断层）封闭起来。

范围最广的构造圈闭由聚合板块边界上的挤压构造形成，即这种收缩褶皱是被阿拉伯板块与欧亚大陆板块的碰撞造就的。在伊朗扎格罗斯褶皱冲断带，收缩褶皱形成了两个壮观的非对称"鲸背式"背斜结构（即吕斯坦和法尔斯），而两者之间是西北－东南走向的德兹夫尔海湾。德兹夫尔湾长 600 千米，宽 200 千米，总面积约 5 万平方千米，拥有 45 个油田，其中有阿迦贾里、阿瓦兹、比比哈基梅、加吉沙朗和马伦等超大型油藏。这些油田的烃源岩为第三纪早期的巴布德岩层和白垩纪中期的喀什杜米沉积层，而两种主要储集岩为萨瓦克岩层（位于喀什杜米沉积岩上方）和阿斯玛里岩层。委内瑞拉东部的另一个大规模背斜圈闭也含有石油。

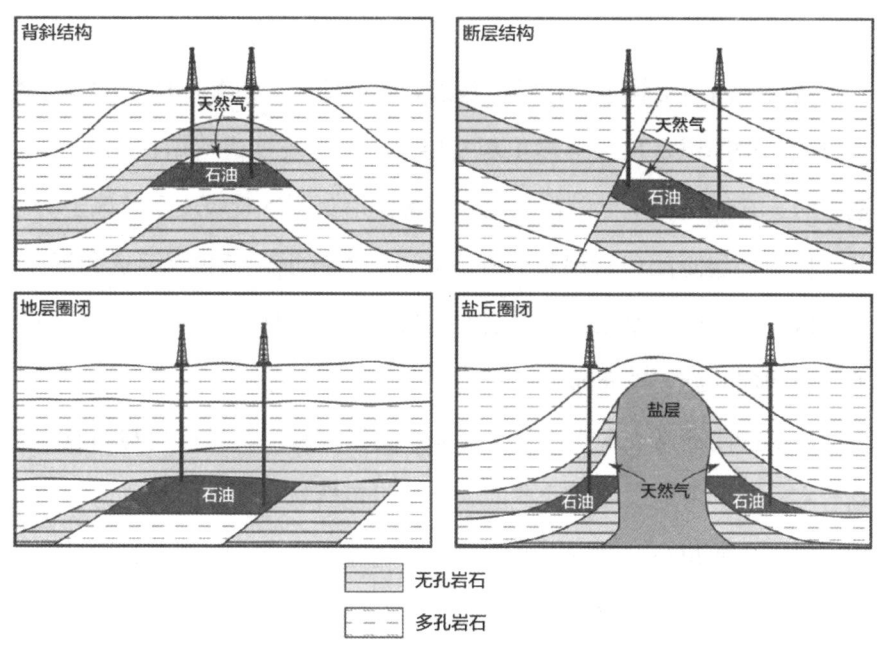

图 2.3　4 种常见的圈闭

其他著名的构造圈闭由底辟构造（即较轻岩层垂直插入密度较高的岩层）形成，规模比背斜构造的圈闭小。由于盐（岩盐）的密度比周围的沉积岩低（岩盐密度为 2.2 克 / 立方厘米，而周围沉积岩密度为 2.5 克/立方厘米），所以岩盐是有浮力的。当它在沉积地层中向上浮起时，会在压力下变形，形成穹顶、石板或柱子。

由上升的岩盐穹顶形成的背斜构造本身就是非常好的圈闭，它们还经常与蒸发岩（石膏、硬石膏）连接起来，形成完美的封盖。储集岩经常出现在上升的岩盐上方，周边有陡峭的侧倾角。上升的热岩浆、页岩和泥浆运动也可以形成底辟背斜结构，但岩浆上升产生的热量可能会破坏储集岩中的碳氢化合物。世界第二大油田——科威特的布尔干油田就是由蕴藏于白垩纪砂岩下方的一片面积约 750 平方千米的巨大上升岩盐构成的。

地层圈闭通常较小，这是由包裹着含油地层（沉积圈闭）的非渗透岩层逐渐增厚以及地层突然出现断层（地层受侵蚀或喀斯特现象所致）造成的。它们还产生于矿物沉淀、溶解作用及沥青胶块或永久冻土的侵入。原生地层圈闭包括细长的砂岩体，如点砂坝、三角洲河道和屏障，以及碳酸盐斜坡和珊瑚礁；次生地层圈闭则以各种断层、成土白云石或方解石构成的黏土填充通道形式出现。

地层圈闭通常表现出多重、复杂、交错等特征，且往往与构造圈闭结合在一起。由地层圈闭构成的大型油田包括阿拉斯加的普鲁德霍湾油田、得克萨斯州东部油田以及委内瑞拉超级大油田——玻利瓦尔沿海油田。玻利瓦尔沿海油田位于马拉开博湖东岸，被一个巨大的沥青地层圈闭环绕。

世界最大油田——加瓦尔油田

加瓦尔油田是世界最大的超大型油田，它的基本特征体现出了本章所介绍的石油地质学的一些主要概念。

该油田位于沙特阿拉伯东北部、距波斯湾西岸约80千米的内陆地带。加瓦尔之所以有如此超大规模的可持续高生产力，原因在于它几乎完美融合了四大要素：庞大的岩层构造、富含石油的地层、具有高渗透性的储集层，以及完好的封闭层。这个油田是一个巨大的平缓背斜结构（长约250千米，宽约30千米），有两个近似平行的峰顶（由一个山口隔开）；背斜面有褶皱，这是石炭纪时期隆起的基底岩石高度变形后形成的（见图2.4）。

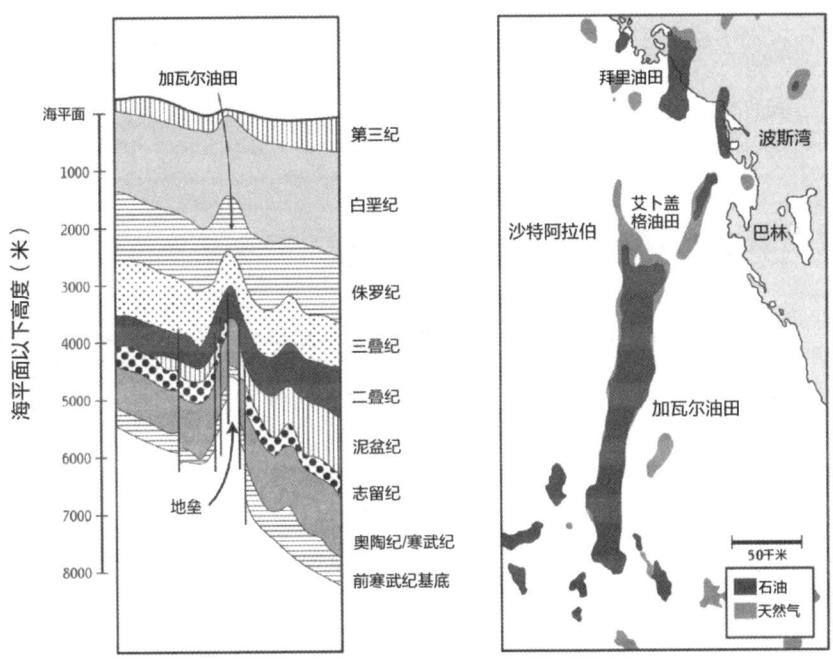

图2.4　世界最大油田加瓦尔岩层的东西横截面图及油田范围

烃源岩和储集岩同属于上侏罗统舍格拉组。加瓦尔烃源岩是图韦克山组一种高产、富含有机物的灰泥岩（有机碳占灰泥岩总量的

3.5%），厚度约 150 米，形成于 1.64 亿~1.55 亿年前的陆架间盆地。图韦克组上覆的、含有 2.5% 有机碳的哈尼发组岩层也促成了有机质的原始储存。

由于储油量丰富，在石油垂直运移到储集岩之前，那里很可能发生了一次大的横向运移。1.5 亿~1.45 亿年前，晚侏罗世阿拉伯-D 层石灰石沉积于地表以下 1.8~2.1 千米处，成为储集岩层。

该岩层厚达 120 米，从底部的泥岩到顶部干净的砾石，其质量逐步增加。储集层某些地方的孔隙度超过 30%（平均孔隙度为 14%~18%），且渗透性极佳（部分地方超过 600 毫达西）。这些含油石灰岩被一层厚达 150 米的晚侏罗世希蒂组的非渗透性硬石膏层所覆盖，没有产生任何大断层。

谁造就了石油霸主——中东？

绝大多数大型商业油田源自相对年轻的储集岩。按地质时代大致划分的话，侏罗纪几乎占了所有储集岩的 45%，白垩纪占 35%，而追溯至古生代晚期（即志留纪至二叠纪）的储集层则相对少见。对主要油田进行分类后，我们能看到一半以上的储集岩来自中生代，近 40% 储集岩来自新生代早期，而不到 10% 的储集岩来自古生代。已知最年轻的含油沉积层（位于美国得克萨斯州和路易斯安那州）不到两万年，与上一个冰河时代高峰期同属一个时代。

至于主要的产油地区，其测定年代（回溯时间）如下：

白垩纪中晚期烃源岩产于中国最大的超大型油田大庆油田所在的松辽盆地、墨西哥湾、波斯湾、委内瑞拉和刚果附近海域。

富产石油的上侏罗统地层位于西西伯利亚、波斯湾和阿拉斯加北坡。

晚侏罗世岩层出现在墨西哥湾、阿拉斯加北坡、北海、西西伯利亚、波斯湾和北高加索地区。

三叠纪、二叠纪早期至石炭纪晚期盆地包括中国的塔里木盆地、准噶尔盆地和北海南部盆地。

石炭纪早期到泥盆纪晚期的沉积物形成了诸多重要的产油区域，包括俄罗斯的伏尔加－乌拉尔油田和蒂曼－伯朝拉油田、加拿大西部沉积盆地、俄克拉荷马州和得克萨斯州。

可以进行商业开采的石油资源分布在各大洲，所以我们很难做出任何一般性结论。有一个现象很有趣，那就是世界上最大的含油盆地要么集中于夹在劳亚古大陆和冈瓦纳古大陆中间、从如今的印度尼西亚一直延伸至中东和北非的中生代特提斯海沿岸，要么集中在美洲科迪勒拉山系两侧。科迪勒拉山系的东侧从艾伯塔经墨西哥湾到达特立尼达、委内瑞拉和巴西，西侧则从阿拉斯加延伸至加利福尼亚州和厄瓜多尔。另外，世界石油资源的规模分布使我们有可能做出一些有趣的观察。

与分布于地球各地的许多自然特征一样，油藏的大小存在极不平衡的（几何）频率分布。举个例子，地球只有一个格陵兰岛，而且像新几内亚和婆罗洲这样大小的岛也就两个，其他都是数以千计较小的岛和无数的小珊瑚礁及非常小的岛屿。

类似极不平衡的频率分布同样适合描述湖泊大小或半岛长度的情况，也可以体现油田含油量的分布特点——世界上绝大多数可供商业开发的油田只拥有少量的石油（显然，地球还有更多油藏，但它们的规模更小，不值得进行商业开发），而少数大型和超大型油藏则含有存在于地壳中的绝大部分石油。

到了 21 世纪初，至少有 500 个大型油田散布于全球 20 个不同地区，最终可开采石油资源达 5 亿桶。当然，油田数量取决于人们如何对邻近或相连构造进行分类，以及如何对最终可开采石油进行大致评估。

2000—2014 年，全球共新发现了 90 个大型油田和 12 个大型油气田。大型油田至少拥有全球三分之二的常规原油储量，而光是超大型油田（每个油田拥有超过 50 亿桶原油）就占据了将近一半份额。5 个最大的超大型常规油田几乎占全球原油储量的四分之一，它们分别是沙特的加瓦尔油田、科威特的布尔干油田、墨西哥的坎塔雷尔油田、委内瑞拉的玻利瓦尔油田和沙特的萨法尼亚－卡夫奇油田。

我要强调一点，上述所有数据仅仅是近似值，而且会随着人们对油田最终可开采石油的持续重估而发生变化。在人们加大开采力度、提高产油率之后，原先估计的储油总量会大幅增加。

世界各大油田的空间分布也很不均衡。波斯湾地区拥有全球半数以上超大型油田和将近 30% 的大型油田；西西伯利亚的油田占全球大型油田数量的 12%，墨西哥湾的油田占 10% 左右。

拥有世界约 5% 大型油田的地区包括纵跨俄克拉荷马州、得克萨斯州和新墨西哥州的阿纳达科／二叠纪盆地、伏尔加－乌拉尔地区、里海和东南亚（泰国、印度尼西亚和越南）；而拥有不到 10 个大型油田的地区包括北阿拉斯加、巴西、黑海、西伯利亚、澳大利亚西北部和巴斯海峡。

我们对盆地类型进行分类后，发现大约有 30% 的大型油田位于被动大陆边缘❶，另有 30% 位于大陆裂谷，还有近 25% 位于大陆碰撞带。未来，也许我们会惊喜地发现更多的大型油田，而孟加拉湾、中国的鄂

---

❶ 被动大陆边缘又称大西洋型大陆边缘，即通常所说的稳定大陆边缘，是构造上长期处于相对稳定状态的大陆边缘。

尔多斯和塔里木盆地、湄公河三角洲、苏丹和澳大利亚北部沿海是最有可能发现大型油田的地区，但这些发现不会从根本上改变全球石油分布格局，中东的石油霸主地位仍不可撼动。

第三部分
寻找黑金

从本质上说，寻找矿产资源是一项困难的、具有商业风险的事业。地下深处的矿脉一般较薄且蜿蜒扭曲，当中含有许多金属矿石。相比之下，很多油藏面积巨大，且位置相当靠近地表，其中一些油藏可从地表水、渗漏口或气体出口进行判断，根本不用借助现代石油勘探者所常用的精密的地球物理勘测工具和精细流程。不过，有些规模较小、位置较深的油藏就要采用很多引人注目的新式手段进行勘探。这些方法各式各样，包括从理论上深入理解含油层的地质情况、采用较为巧妙的勘探技术、对油藏的动态环境进行复杂的三维和四维模拟及可视化处理。

最终，我们还要挖勘探井，以验证该地是否存在大量石油。但考虑到钻探成本较高（越来越多的油藏地被发现位于交通不便的偏远陆地、时常刮起狂风暴雨的近海深水区域，以及如今所谓的超深水区域的近岸处和海洋中），必须尽量把经常打到干井的风险降到最低。最先进的地球物理勘探方法为我们提供了比以往更丰富的待钻探地层信息，可即使采用了这些方法，每一口新的勘探井（尤其是那些很有希望产油但目前仍未开始钻探的油井）仍然证明了石油行业给这些井起名为"初探井"的做法是合理的。这主要是因为是人们对已勘探油层的参数没有把握，尤其是它的压力构造；钻井人员必须为一些意想不到的情况做好准备，比如在钻探过程中，油藏流体、水、石油或天然气流入井眼有可能会导致剧烈的井喷。

接下来，我将简要介绍石油勘探史、寻找石油的钻探技术并详细地描述现有钻井工具和钻井方法，然后再讲述油田发现史。世界第一批石油钻井挖掘于19世纪50年代，从那时起到19世纪末的几十年间，全球各地掀起了石油勘探热潮，绝大多数钻井都是那时候打下的，如今绝大部分正在产油的大型油田也是那时候发现的。在地球上尚未充分开发的地区，钻井工作仍在进行着。第二次世界大战以前，石油钻探都在陆地上完成，但二战结束后，海上勘探钻井技术取得了长足进步，并形成了一个全新的产业。如果没有这个产业，世界将损失近 30% 的原油供应量。

第6章
地球物理学的贡献

地震波与油矿勘探

早期石油勘探人员几乎找不到石油的指引物,可以判断石油存在的地表现象非常罕见,比如天然石油渗漏点或油窗、焦油岩或焦油湖。此外,较细微的地球化学指标不太好理解,若仅靠直觉和猜测决定在哪里打井,则可能要付出高昂的代价。最终,石油勘探行业采用了地球物理勘探技术,并逐渐适应了这项技术。地球物理勘探技术需要研究地球自然存在的电场、引力场和磁场,以及地震波(即弹性波)是如何通过地壳传播的。反射地震学是一种重要的勘探工具,勘探人员用它向地下发射脉冲波,计算脉冲波从不同类型岩层的交界面反射回来所需的时间,从而描绘出地下矿床的面貌。

从定位敌人到定位油矿:测振仪的发展

石油的地震勘探技术起源于雷金纳德·费森登(Reginald Fessenden)对探测冰山和矿体定位的研究(研究成果于1917年获

得专利），以及对实用测震仪（尽管原型产品非常粗糙）的独立发明。第一台便携式测震仪是在第一次世界大战期间由卢德格尔·明特罗普（Ludger Mintrop）发明的，原本是为了使德国军队能够精确定位盟军的位置。

第一次世界大战结束后，美国联邦标准局的约翰·C.卡彻（John C.Karcher）发明了一台反射测震仪，并于1921年6月4日对该装置进行了第一次现场测试，确认地震勘探技术可以探明某处是否存在含油结构。1926年，他的员工在俄克拉荷马州塞米诺尔附近发现了一个很有希望开采出原油的地质构造。1928年12月4日，他们根据反射测震仪探测结果打下了第一口井，并找到了石油。1930年，卡切创立了地球物理服务公司，该公司后来改名为"得克萨斯州仪器公司"并成为微电子行业的领头羊。

随着真空电子管和20世纪50年代初以后晶体管的使用，反射测震仪变得更加灵敏。20世纪50年代的其他创新还包括电子数据记录和处理技术、哈里·梅恩（Harry Mayne）发明的信噪比增强技术以及美国大陆石油公司首创的可控震源法。

可控震源法用振动波或重物下落撞击所产生的波取代了炸药爆炸产生的冲击波。20世纪60年代末，壳牌石油公司的地球物理学家迈克·福里斯特（Mike Forrest）发现，含油气地层顶部存在强烈的地震波反射（即所谓的亮点），这使我们有可能利用地震数据直接探测油气层。

地震记录的数字化和电脑化始于20世纪60年代，并在20世纪70年代取得长足发展；与此同时，石油勘探对数据处理的巨大需求成为推动新硬件性能和复杂新软件发展的几个关键因素之一。三维地震勘探技术就是这种相互影响的最明显标志。埃克森公司收购了这项技术，并于1967年在休斯顿附近的弗伦兹伍德油田率先使用该技术。到了20世纪70年代中期，三维地震勘探技术已成为石油勘探的常规技术。

所有地震勘探技术都采用相同的基本流程：首先，要在地面上发出声波（使用车载振动台产生声波，或者在卡车行驶不到的地方，把炸药放入浅井中，爆炸后产生声波），然后使用一组灵敏的接收器（即地震检波器）记录从岩层反射回来的声波。在海洋石油勘探中，声波是由发射压缩空气的气枪产生的。气枪由船尾的一条绳拖曳着，反射回来的声波由绳尾的水中地震检波器记录下来（见图3.1）。

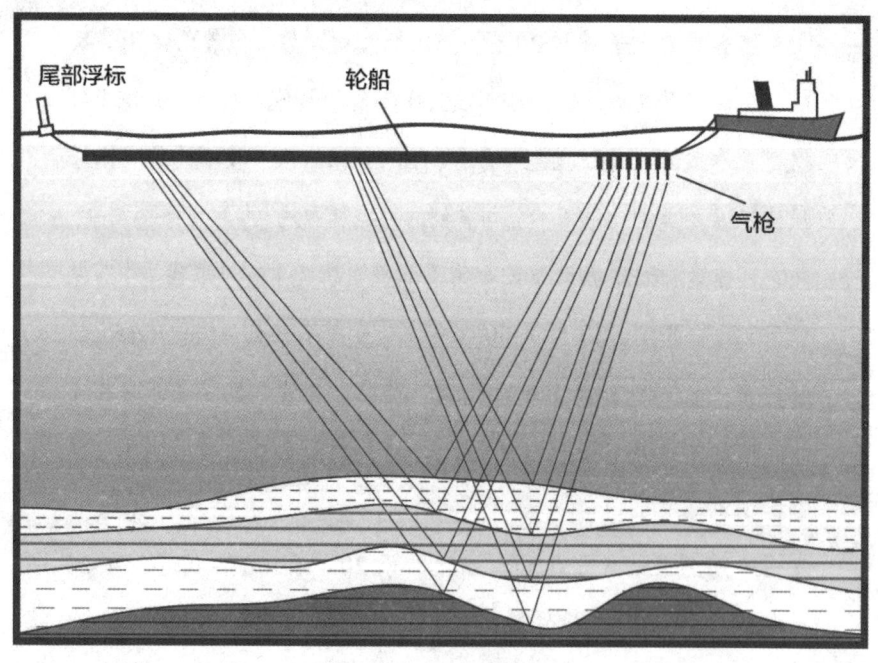

图3.1　海洋地震勘探简图

标准三分量地震勘探技术采用三个正交定向检波器来确定波的类型及其传播方向；水中地震检波器被连接到海底传感器上，为四分量地震勘探检测更多的波。然后，大量数据由高速计算机进行处理，由此产生的三维地图能让研究人员以前所未有的方式观测地下岩层构造，从而知道开采石油的最佳方法。计算机运算能力的不断提高（根据著名的"摩尔定律"，微处理器计算能力每两年翻一番）是三维地震勘探技术革命的重要组成部分，因为如今一次普通的勘探活动结束后，计算机所要解读的原始数据量比过去增加了 5000 多倍！

另一项计算机技术创新便是三维可视化技术，该技术的发展使石油勘探发生革命性变化，满足了前所未有的数据处理需求。大西洋里奇菲尔德石油公司、德士古公司和挪威海德鲁公司是第一批使用大型沉浸式可视化技术的公司。使用这项技术的专家们被高高的投影屏幕所包围。更令人印象深刻的是，他们甚至可以进入可视化房间，让自身被数据所包围。他们可以在房间内行走，几乎完全身处在一个油藏中，还可以为新油井选择最佳的位置和路径。随着延时四维地震勘探技术的发展，可视化技术又向前迈进了一步。

在对某个油藏进行连续几周或几个月的反复监测之后，油藏的多变特性就会显露出来，尤其是它的温度、压力以及流体（水和油气）的运动路径。这些信息非常重要，有助于预测油藏未来的流动情况，从而计算出新产油井的位置，找到被现有钻井绕开但又值得找回来的含油层或含气层区域，并加快和强化现有油气开采。苏门答腊岛的杜里油田表明，并不是每次四维勘探调查都能产生收益。杜里油田的蒸汽驱油井经过优化后，油藏采收率从原来的 8% 提高到 60% 左右，虽然成本提高了，但总的来说回报很可观。井间地震勘探技术是另一种新工具，它提高了我们对油藏构造和流动声源的认知。采用这项技术时，人们要在一个井筒中安装流动声源，然后在另一个井筒中记录传播过来的声波。

在石油勘探的最初几十年里，钻井人员甚至没有任何可靠的手段来确定他们的作业进度，只能靠定期用特制钻头从实心岩石上切下一块细长圆柱体，然后把它抽出地面检查，以获取地层的相关信息，但这种方法繁琐且成本高昂。

如今，每当要定期对岩心样本进行检查时，钻井人员仍要采用下述方法：使用昂贵的空心金刚石钻头从岩石中切割出圆柱体，以便在油田进行现场初步评估，或者将其送往实验室进行更详细的评估。还有种成本较低的方法叫"井壁取心法"，也就是使用少量炸装药把一个小型岩心筒从井的侧面推入，或者用一个小型的机械岩心钻头取出5厘米厚的短而薄的岩心样品，然后用钢丝绳吊出地面。

我们还可以根据岩屑样本（即所谓的"泥浆测井"）记录岩石种类及其属性，这种方法比井壁取心法更简单，而且泥浆录井与机械钻速测量结合起来，便迈出了系统记录岩层性质变化的第一步。最终，这些记录将自动进行，而现代测井数据采集技术能够让我们知道各种不同的信息，比如钻头旋转和提升的速度、泥浆流速以及井底的压力和温度等。

1911年，石油勘探技术迎来最大进步。当时，法国矿业学校讲师康拉德·斯伦贝谢（Conrad Schlumberger）提出了利用电导率测量法来勘探金属矿床的新理念。一年后，他制作了第一张粗糙的等电位曲线图，表明该技术也可用于识别作为油气等流动资源圈闭的地下结构。

斯伦贝谢所开创的电法测井技术是现代地球物理勘探的支柱手段之一。采用该方法时，钻探人员要测量钻井内部或周围的一些有启示作用的物理变量，然后记录下来，对其进行后续评估。

测井法：识别地底下的物质

电法勘探公司是如今的斯伦贝谢公司的前身。它成立于1926年，而后迅速将业务扩展到美洲、亚洲和苏联。1927年，实验物理学家亨利·多尔（Henri Doll）制作了第一份电阻率测井数据，该数据记录了连续的电阻率读数，可用来描绘电阻率曲线图。1930年，电法勘探公司推出了一台连续手动记录仪。一年后，康拉德和他的弟弟马塞尔·斯伦贝谢（Marcel Schlumberger）及E.G. 莱昂纳顿（E. G. Leonardon）一起研究了自然电位现象，这是一种井内流体电极与可渗透地层水流之间自然生成的现象。他们同时还记录下了自然电位和电阻率曲线，帮助人们区分不可渗透和可渗透地层，从而识别潜在含油层。

1949年，亨利·多尔（Henri Doll）提出了第一种感应测井法，即在地层中激发交流电回路，然后测量井中电阻率，这样就能够让人们更容易地将含油岩层与含水基质区分开来。只含盐水的多孔地层电阻率很低，通常小于10欧姆·米（$\Omega \cdot m$）；而那些可能含有烃的地层具有较高电阻率（即大于50欧姆·米）。

测井技术已成为评估产油可能性的必备工具，斯伦贝谢不断推出改进后的设备，并积极收购关联企业，在该领域保持着全球领先地位。现代测井仪器被装在细长（6～25米）的管子里，测试人员把这些管子放进一个新钻的井眼中，让管子与一根柔性电缆（铠装电缆）相连，而电缆的另一头绕在一辆特制卡车上，然后数据就会通过电缆传送到地面。

伽马射线测井法记录了地层中存在的放射性同位素的自然辐射

情况，从而让人们能够区分具有不同伽马射线特征的页岩和砂岩。通过检测辐射源和探测器之间伽马射线通量的下降幅度，人们可以得知地层的密度。在多孔岩石中，探测器接收到的伽马射线数量比在致密地层中要多。中子测井法则是由中子源向地层发射快中子，然后测量地层对快中子的影响，以此评估地层的孔隙度。

测井通常是在钻井工作完成后进行的，但现在随钻随测的技术已经被人们实现了：监测井的斜度、压力、电阻率、密度和孔隙度的各种传感器被集成在了井底钻具组合上，同时钻柱的下面部分能够将钻头与钻铤、重型钻杆和连通管连接在一起。在标准绳索钻具难以使用或根本不可能使用时，随钻随测技术尤其管用（特别是在大斜度钻井中）。

尽管我们在地球物理、地震勘测技术和计算机化数据处理及成像技术方面的进步令人印象深刻，但现代石油勘探仍无法消除干井风险，而干井这种情况会让人们付出极其高昂的代价。倘若人们在陆地或海上加大了钻探深度后，发现它们是干井，则陆地钻井的成本"只需"600万~1000万美元（但这个成本一不小心就会翻番），而租赁一个海上钻井平台的费用在2006年是每天15万美元，2016年的平均租赁价格则在每天35万~40万美元。与其他许多工业活动不同的是，干井的代价是不可估量的，尽管这笔费用可作为业务支出核销（在美国，业务支出可在当年全额核销）。与此同时，石油勘探仍然是一个高回报的行业（尽管发现超大型和大型油田的可能性降低了）。即使如今原油价格处于每桶50美元的相对低位，但只要发现最小规模的大型油田（含5亿桶可开采原油），光以原油价值计算，该油田的价值也能达到250亿美元，而一个规模较小、最终可开采2000万桶原油的油田，其价值至少为10亿美元。

世界上勘探最密集的产油区域包括美国相互毗连的48个州的所有盆地，以及阿拉斯加、艾伯塔省和萨斯喀彻温省、北海和俄罗斯西部。委内瑞拉沿海、伊朗西南部和澳大利亚西北部海域的石油盆地勘探强度属于中等，西非大陆架、地中海部分地区以及中国的一些内陆地区只得到了部分勘探，而开发程度相对不高但具有相当大石油生产潜力的区域包括西伯利亚东部的部分地区、拉丁美洲东海岸的大片海域、西非、格陵兰岛以及北极和南极的大片海域。当然，南极洲本身石油储量就很丰富，但1991年的国际条约禁止任何国家在南极洲进行采油活动。

不言而喻，石油价格上涨会极大地刺激探井钻探活动，而石油价格的急剧回落可能导致探井活动大幅减少。况且，探井活动总有这样的风险：当某个人经过深思熟虑之后（即在他确信高油价不仅仅是一种短暂的现象之后）决定开展钻探活动时，总会遇到一件不可预见的事情或总会有一个可以预见的逆转性事件早于预期发生，这就有可能将石油钻探这项需要谨慎对待又充满希望的投资事业瞬间变成一种完全无法挽回的损失。

美国的统计数据表明，这些受油价驱动的钻探活动存在波动性。20世纪70年代初，全球共有1000多座旋转钻井平台在陆地和海上寻找石油和天然气；到了1974年，欧佩克迅速推高油价，于是钻井平台数量急剧上升，在1981年年底飙升至4500座。然而，到了1985年，钻井平台数量回落到2500座以下；到1986年年中（原油价格暴跌之后），这一数字更是低于700。随后的大部分时间里，钻井平台总数量在1000座上下徘徊，直到2004年才开始略有反弹。

在 2007 年 9 月、2011 年年底以及 2012 年年初，钻井平台的数量一度超过了 2000 座，之后又在 2016 年 5 月跌至 408 座的新低。2014 年，全球共钻探了 104000 口陆地新油井（其中 45% 在美国）和近 3400 口海上新油井（美国占比不到 10%）；而一年后，随着油价回落，陆上钻井数量下降了约 7%，近海钻井数量下降了约 9%。在新开采的油田数量上，美国仍然是全球的领导者，中国排名第二，但与美国距离较大；排在第三和第四位的分别是加拿大和俄罗斯。

从人工到智能：钻井的历史

19 世纪 50 年代，人类迎来了石油时代。从那以后，无论钻探的目的是为了勘探石油还是开发新油田并保持和提高其产量，绝大多数油井都是采用两种主要技术钻探出来的。在这个时期的前半段，人们使用的是冲击钻（即钢绳冲击钻）法，此后采用的则是旋转钻探法。值得注意的是，第一批明确为了寻找石油而开凿的钻井位于古代中国，发明钻探技术的也是中国人。冲击钻法最早发端于汉朝，当时的川蜀地区民众采用冲击钻法开采天然气（见图 3.2）。

在那个时代，当天然气开采出来后，人们用竹筒进行输送，然后放在大型铸铁锅下燃烧，以蒸发卤水，生产出内陆地区的一种珍贵商品：盐。这种生产盐的方法需要几项重要的工具和技能，包括重型铁钻头、长竹竿、由竹纤维编制而成的又长又韧的绳索以及对杠杆的巧妙使用。沉重的铁钻头被绑到竹缆绳上，缆绳则悬挂在竹架上，然后让 2～6 个人反复在杠杆上跳动，使钻头也反复有节奏地升起、落下，砸进一个人工挖开的洞中。这种看似原始的钻井方式其实相当有效。随着这一方式变得越发普及，其效率也不断提高。

图 3.2　一幅描绘中国古代用竹井架进行冲击钻探的技术的清代画作

汉代冲击钻法打出的钻井深度仅为 10 米左右，但到了 10 世纪，深度大于 100 米的钻井已经变得很常见，而在 1835 年，最深的冲击钻井深度达到了地表以下 1 千米！直到 1895 年，源自中国的这种古老技术才被现代人加以改进，用来钻探所有新油井。

1859 年，埃德温·德雷克（Edwin Drake）在宾夕法尼亚开始用小型蒸汽机取代人力，打出了第一口机械化冲击钻井。沉重的金属钻头被悬挂在粗麻绳上，后来粗麻绳换成了多股钢丝绳，而绳子则被悬挂到了小木井架上。蒸汽动力和更好的钻头加速了钻孔基材的碎裂和粉碎过程。不过，要想从井底清理出堆积如山的岩屑，仍然需要费一番功夫。在更好的钻探方法面世之后，冲击钻技术依旧使用了几十年。直到1951年，旋转钻机的数量才超过冲击钻。

1895年，第一座旋转钻机在得克萨斯州的科西嘉纳油田投入使用。但在美国，直到1901年，随着产油量破纪录（8万桶/天）的斯平德托普油田竣工，这项技术的重要意义才凸显出来，并且它到了1950年以后才在世界范围内占据主导地位。旋转钻井技术对于探索石油和商业油井的生产活动都十分重要，值得我们对其主要部件和操作过程进行一番粗略描述。用于旋转钻井的整个结构和机器组合被称为钻机，其硬件由6个相互连接的系统组成，分别是发电系统、升降系统、使钻杆和钻头旋转的转盘系统、流体循环系统、防喷监测系统以及钻井数据获取系统。

钻机拥有高大的金字塔式井架，所以人们从很远的地方就能看到它。井架为钢结构，上面安装着滑轮组和钻柱（见图3.3）。滑轮组由定滑轮和动滑轮组成，用于提高机械效率，即只需用小口径（直径1.9～3.75厘米）钢缆吊起重物；绞车卷动动滑轮上方的钢缆，从而靠重力降低或靠电机或柴油发动机拉升动滑轮和悬挂在动滑轮下方的重物。无论钻柱、套筒还是尾管，都可以通过动滑轮拉动。钻柱由钻杆和为钻头提供支撑的井底组件构成。钻机的其他关键部件包括装有钻井液的油箱、用于分配钻井液的油泵以及为钻机提供动力的发动机，当然，还包括钻井转盘，旋转钻探技术中的"旋转"一词正是来自于它。

转盘是钻台上一块厚重的圆形钢，其作用是驱动钻柱沿顺时针方向转动。早期钻盘（和其他钻井设备）由蒸汽机通过齿轮提供动力，而如今，大型柴油发动机成为了主要的动力来源，它们通过传动链和传动带直接传递扭矩，或者先用来驱动发电机，然后由发电机驱动钻机。转盘沿顺时针旋转（在石油钻探术语中，顺时针旋转被称为"右转"），通过方钻杆

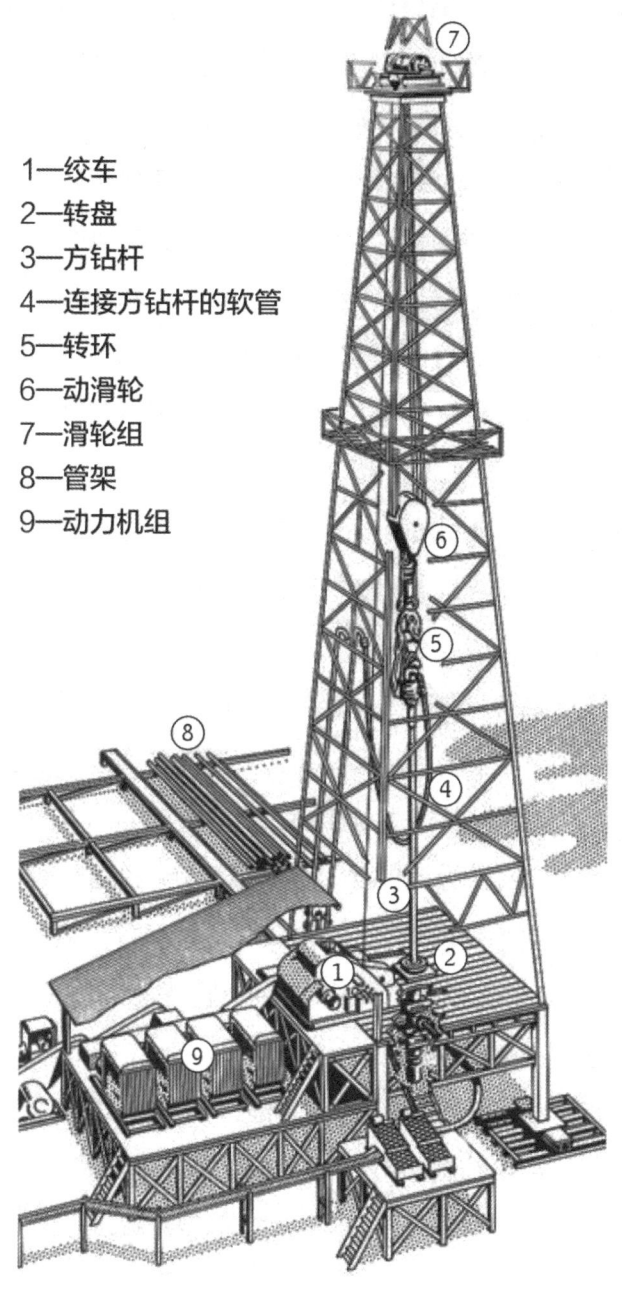

1—绞车
2—转盘
3—方钻杆
4—连接方钻杆的软管
5—转环
6—动滑轮
7—滑轮组
8—管架
9—动力机组

图 3.3　现代旋转钻机

带动钻柱顺时针转动。方钻杆是一根外形为正方形或六角形的空心钢筋。

钻杆是一段两端有螺纹（钻具接头）的管状钢，其长度和直径取决于某项作业的要求。它的标准长度为9.44米，标准直径在7.3~11.43厘米。它首先与方钻杆相连，然后随着钻探的进行和钻井不断加深，人们需要将新的螺纹口钻杆连接到不断延长的钻柱上，钻柱还可以作为输送钻井液的管道。在连接钻杆时，钻探活动必须停止，同时方钻杆必须与顶部接头断开连接，然后人们会在钻柱顶部和方钻杆底部之间再加一段新的钻杆。至于每隔1小时还是1天加一段钻杆，这取决于钻柱的机械钻速（通常是每天100米左右）。

连接钻柱最底层的井底组件由钻头、转换接头（管状钢段，用于连接不同螺纹或直径的钻杆）和能够使整个组件在旋转时保持垂直的厚重钻铤组成。这些组件的成本为15万~150万美元不等，成本最低的结构最简单，而成本高的组件则包含了许多复杂单元，比如由钻井液驱动的、用于定向钻探和水平钻探的泥浆马达。当钻头磨损时，人们必须将整个钻柱从钻井中抽出来，拧开钻杆螺丝，堆放在一边，安装新钻头后再重新接上。这个过程被称为"起钻"，是极其费力和危险的，因为需要人们在钻台有限的工作区域内移除、增加和人工处理重型钻杆。最早的旋转钻头使用鱼尾钻和圆齿钻，这两种钻头只适合在软岩层进行作业，而牙轮钻的发明大幅提高了钻头的效率。

牙轮钻头分为铣齿钻头和碳化钨镶齿钻头，后者嵌有工业金刚石（1919年首次用于石油钻探），硬度很高，其不断旋转的钻头可以将岩石碾碎。金刚石也被用在无滚子轴承的切削型钻头，这种钻头以连续的切削动作切割岩石。多晶金刚石切割机采用又薄又圆（厚度约3毫米，直径2.5厘米）的人造金刚石钻头，金刚石下面那层为碳化钨材质，特别适合用于钻探页岩地层。总之，金刚石切削钻头被用来切割极硬的岩层。全球出产的金刚石中，只有大约20%被出售给珠宝行业，其余大部分用于油气和金属矿石钻探行业。

征服坚硬的岩层

1901年，斯平德托普油田的发现给没能完成法学院学业并一直从事采矿工作的霍华德·罗巴德·休斯（Howard Robard Hughes）留下了深刻印象，于是他决定改行，去得克萨斯州开采石油。1907年，在两处有希望找到石油的地方，他的机器无法穿透极度坚硬的岩层，这次失败使他决心设计出一种更好的钻头。1908年11月，他利用去艾奥瓦州看望父母的两周时间设计出了新型钻头。他的设计具有真正的革命性意义，堪称20世纪最重要的设计之一，并于1909年8月10日获得了专利。牙轮钻头（见图3.4）由两块"截头圆锥形滚子组成，具有纵向延伸的楔形齿，可以分解或粉碎与之接触的材料，随着钻头不断旋转，材料便会出现一个圆孔。

两个滚子间形成一定角度，并在固定的主轴上旋转。当然，位于钻柱末端的钻头也在同步旋转。这种简约、典雅且近乎完美的设计使其钻速达到了标准鱼尾钻的10倍。1909年，休斯与沃尔特·B.夏普（Walter B. Sharp）合作，成立了夏普—休斯工具公司（1918年之后，这家公司改名为休斯工具公司），专业生产牙轮钻头，且产品只租赁不出售，每口钻井租赁牙轮钻头的费用为3万美元。公司的利润不断增长，工程师们也因此能够改进休斯发明的原型钻头，推出新的改良型产品，包括实现了一种曾被人认为是不可能在现实中做出来的设计：1933年，弗洛伊德·L.斯科特（Floyd L. Scott）和刘易斯·E.加菲尔德（Lewis E. Garfield）为一款三牙轮钻头申请了专利，他们把三个牙轮钻头的轮齿相互嵌合在了一起（见图3.4）。与双牙轮相比，这种结构加快了钻井速度，为井底提供了更好的支撑，同时减少了振动。

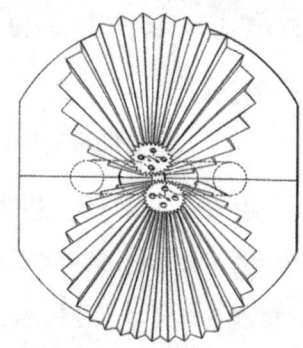

首款牙轮钻头（霍华德·休斯于1908年申请专利）

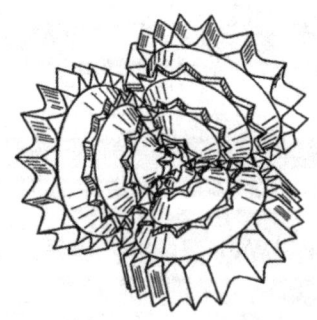

首款三牙轮钻头（弗洛伊德·L.斯科特和刘易斯·E.加菲尔德于1933年设计）

图3.4 两款牙轮钻头

如今，无数牙轮钻头变体仍然在石油钻井市场中占据主导地位，而休斯公司（现改名为休斯·克里斯坦森公司，隶属于贝克—休斯公司）仍然是牙轮钻头的主要制造商，紧随其后的分别是哈利伯顿公司、国民油井华高公司、斯伦贝谢公司和瓦雷尔国际公司。

除了钻头的种类和质量外，控制钻头机械钻速的另一个关键因素就是钻头的重量，也就是钻柱的质量。不同的井底钻具组合和岩层特性对应着不同的最佳钻压，该钻压将产生最高的机械钻速，这个数字通常在 6.5 ~ 9 吨。单根标准钻杆的重量约为 190 千克，因此只要 34 ~ 47 根钻杆，也就是钻柱总长度只要达到 300 米，人们就能实现最佳钻压。前面我们描述过钻机井架滑轮组的机械结构，即井架顶部安装定滑轮，定滑轮下方通过钢缆连接动滑轮，这种机械结构的优势显而易见：它将钻柱剩余部分悬吊起来，使钻压保持在与最高机械钻速相称的水平上。滑轮组可轻松悬吊 500 吨重物，但这要视定滑轮与动滑轮之间钢绳的圈数而定；而 500 吨的负荷能力足以支撑 2000 根以上标准长度钻杆，这些钻杆叠加起来，可以深入地表以下 20 多千米，比迄今为止人类钻探过的最深的实验性钻井都要深（绝大多数油井深度不超过 4 千米）。

随着钻头不断推进，岩屑会从井下被钻井液（俗称钻井泥浆）清除出来。"钻井液"只是一个统称，它包含了各种液体以及液体、固体和气体的混合物，其种类容易混淆，而最简单的分类方法就是把它们分为水基钻井液、油基钻井液、气体钻井液以及合成基钻井液。水基泥浆是一种天然混合物或液体，里面加入了木质素磺酸盐、磷酸酯、褐煤或单宁，用作抗絮凝剂、降粘剂和降滤失剂，同时人们还要向里面加入各种乳化剂、消泡剂、聚合物、盐、缓蚀剂和加重材料（比如重晶石、铁矿石等）以控制井下压力和防止塌陷。在高温油井或深井中，钻头有可能被卡住，井眼稳定性也有可能不够，在这种时候，注入油基泥浆就可以解决上述问题。合成钻井液主要由酯类、醚类和烯烃组成。起初人们只是使用水作为钻井液来清除岩屑，而如今，钻井液已催生了一个复杂的行业。钻井液品种达到数十种之多，其成本通常占钻井总成本的5%~10%。

钻井液会被装在一个储藏箱中，在高压下被注入一根刚性金属立管。接着它会向上流经三分之一井架，进入方钻杆软管中。方钻杆软管是一种软性高压导管（内径一般为7.5~12.5厘米），一头与转环相接。转环必须足够牢固，才能承受整个钻柱的重量，并允许高压钻井液从柔性软管流到旋转的方钻杆里。钻井泥浆被高压注入方钻杆，流经钻柱，最终流过钻头。源源不断的钻井液可以降低旋转钻头的温度，轻而易举地连续清除岩屑，而钻井液施加在井壁的压力则有助于防止钻井塌陷。泥浆会带着岩屑通过环空（即钻柱外壁与井壁之间的空隙）返回地表。

重型钻环被用来增加钻柱的重量和硬度，以保持钻孔平直。沿着钻柱，人们还要每相隔一定距离就使用钻具扶正器，以免钻柱偏离垂直方向。钻井时，人们通常会遇到饱含水、油和气体的地层或松散沉积物层，因此他们必须在适当位置安装钢制套管，将正在不断深入的钻孔与这些地层隔离开来。在20世纪以前靠钢绳冲击钻具打出的钻井中，人们会用水泥来隔离地层，直到第一台水泥搅拌机在20世纪20年代面世，现场手工搅拌水泥这项费力的工作终于成为历史，使用油井套管固井也才成为一项常规操作。

与斯伦贝谢公司一样，这家率先采用水泥搅拌机制作套管固井的公司先是对这一重要操作流程进行改进，然后将其商业化。自20世纪20

年代以来，该公司就一直保持着领先地位。1919 年，厄尔勒·P.哈利伯顿在俄克拉荷马州创立了专门从事固井业务的公司，并在 1922 年为他发明的新型射流式水泥搅拌机申请了专利。最终，哈利伯顿成为世界上最大的油田服务企业之一，不仅提供固井服务，而且还为油田测井、完井和租赁钻头。后来，哈利伯顿与能源行业的另一家主要供应商德莱赛公司合并，然后收购了布朗鲁特公司（该公司是一家规模庞大的总承包商，于 1947 年建造了世界上第一座海上石油钻井平台），从而成为世界领先的复合型工程企业之一。

随着探井深度不断提高，储集层压力也越来越高，人们必须要设计新的方法来防止在钻探、起钻或在钻柱离开井筒过程中出现井涌和井喷现象。当井筒内的压力低于周围地层流体的压力时，井涌就会发生。井涌成因有两种，一种是泥浆重量不足，即最初的泥浆密度太低或泥浆由于较轻的液体或气体流入而导致密度降低，这种情况被称为"欠平衡井涌"；另一种成因则是钻柱或套管移动导致井筒压力突然发生变化，这种情况被称为"诱发式井涌"。

猛烈的井喷不仅会将钻杆从井眼中弹出，还会导致火灾，造成人员死亡和摧毁钻井平台。1922 年，詹姆斯·S.阿伯克龙比（James S. Abercrombie）和哈里·S.卡梅伦（Harry S. Cameron）共同设计出了世界首款防喷器。这款防喷器可以封住直径 20 厘米、地层压力达 2000 万帕的井眼，相比之下，如今一些用于钻探高压地层的高性能防喷器可以封住直径达 46 厘米、压力高达 1 亿帕的井眼。防喷器必须能够借助各种填塞装置在地表关闭钻井，清除井筒内的无用流体，用一种更重的流体来取代它，以防止将来的流体侵入井内。自从这些设备被广泛使用以来，井喷事故就变得越来越少。人们还制订了新的措施和流程，尽量把意外井喷造成的损失降到最低,并在发生事故时使人员安全、迅速地撤离钻井平台。在海上钻井平台,这些预防措施尤为重要。然而,一旦发生事故,代价是极其高昂的。我之前已经提到过,在"深水地平线"(即马孔多油井)井喷和原油泄漏事故发生之后,英国石油公司支付的善后费用创下了历史纪录。

1913年,迈伦·金利(Myron Kinley)用炸药处理了石油钻探史上的第一次井喷,10年后,他成立了第一家专业控制井喷的公司。1959年,金利的徒弟保罗·尼尔·阿代尔(Paul Neal Adair)创立了瑞德阿代尔公司,成为全世界最著名的油井消防人员。阿斯格·汉森(Asger Hansen)和爱德华·O.马修斯(Edward O. Matthews)是另外两位与阿代尔齐名的油井消防员。他们在1978年离开了阿代尔的公司,成立了另一家著名的井控企业布茨库茨公司。1997年,国际井控公司(阿代尔退休并出售原来公司后成立了这家公司)收购了布茨库茨,并将井喷速控与安全封井领域的专才重新汇聚在一起。位于卡尔加里的赛孚迪博斯公司是另一家跨国井控公司。1991年3月,伊拉克军队撤离科威特时点燃了当地700多口油井,而扑灭这些油井的大火,是有史以来对井控行业的最大考验。

尽管机械化程度很高,现代石油钻机的操作仍然需要人手进行繁重工作,而且这些工作经常危险重重。在此期间,绝大多数钻井人员(如今每台陆地钻机通常需要20名工人)都要经受风吹雨打。钻井机组最低等级的员工犹如码头工人,要干完所有无需技能的粗重工作,比如装卸和搬运钻探设备、堆叠钻杆、混合钻井液以及清洁、擦洗钻机平台和涂漆等。钻工负责处理钻井作业的所有手动任务,比如增加钻杆、拆卸钻柱后更换钻头或回收岩心样品以及清洗所有钻探设备。钻机操作员、井架工、助理钻工以及司钻员从事的是技术性工种。司钻员负责监督整个钻井机组，并在控制室里操作钻井泵、绞车和转盘。钻井工作通常要昼夜不断进行，陆地钻井需要两班倒或三班倒，海上钻井需要两班倒，每班 12 个小时。

在钻头改进过后，钻井作业速度加快，人们开始向更深层的储集层寻找石油，这使得钻井的最大深度和平均深度都稳步增加。在美国，旋转钻机打出的钻井最大深度从 1895 年的 300 米增加到 1916 年的 1.5 千米，1930 年则达到了 3 千米；第二次世界大战前，最深的钻井为 4.5 千米（1938 年），到了 1950 年这一数字超过了 6 千米。

除此之外，钻探进入了超深范围，那里通常是高温、高压、高度腐蚀性的环境，这给钻探行业带来了新的挑战。这些钻井多数位于俄克拉荷马州的阿纳达科盆地，1974 年，当地钻井的钻探深度突破了 9 千米。美国新勘探油井的平均深度从 20 世纪 50 年代的 1460 米增加到了 21 世纪头十年的 2300 米左右，而第二次世界大战后石油钻探行业最显著的进步就是深海钻井的出现、定向钻探技术的发展，以及水力压裂法这种重要的原油开采新技术的涌现。

海上钻探采用的工具和流程与陆地作业相同，但在定位钻井平台方面，海上钻探面临着重大的技术挑战。数十年来，海上钻探只是陆地钻探的简单延伸。早在 1897 年，加利福尼亚州就在离海岸不远的木制码头上进行了第一次海上钻探。1924 年，人们在马拉开博湖的浅水区中竖起了第一座木质采油平台；到了 1927 年，混凝土桩使湖上采油平台变得更加牢固，而在 1934 年，马拉开博湖上出现了第一个标准化钢制平台，随后那里的高大金属钻井如雨后春笋般涌现。

1937 年，世界首座近海钻井在墨西哥湾诞生；到 20 世纪 40 年代中期，得克萨斯石油勘探工作者在平台上安装了钻机。巴库油田的石油只是部分储存于陆地，因此，钻探工作者们在早期就开始寻找最佳的海上钻探解决方案。1909—1932年，为了钻探海底沉积岩，比比-海巴特湾被泥土填平；1924年，巴伊勒·利马尼建成了一个由木桩搭成的小岛；1949年，纳夫特·达斯拉利的一个海上大型钢结构码头开始钻探石油。1947年，科麦奇公司在墨西哥湾远离陆地（距离路易斯安那海岸将近70千米）的海底6千米深处打出了第一口油井，即"科麦奇16号油井"（Kermac 16）。

从此海上钻探成为一股潮流，从墨西哥湾延伸到加利福尼亚，再到更远的马拉开博湖和巴西沿海水域，都能见到海上钻探设施；钻探工具也从只适合浅海的小型半潜式钻井装置发展到各种钻井船和半潜式钻井平台。半潜式钻井平台可用于全天候钻探，即使在北海这种暴风雨肆虐的海域也同样适合人们使用。

在所有古老的产油地区，都有许多边缘浅层含油层。在最初的油田开发过程中，人们为了寻找更大型的油藏，往往将这些含油层忽略掉。人们只要采用短半径开采（半径小于20米）技术，就可以从数千口已废弃的和现有的油井中打出水平侧井，从而在不扰动地表的情况下增加石油产量。20世纪90年代后期，人们在寻找石油的过程中开发出由碳纤维和环氧树脂制成的轻质柔性复合材料钻杆，这种工具正好适用于那种短半径钻井。如今，有几种复合钻井材料已经投入商用，包括10米长的柔性钻杆段和复合材料钻铤。这些钻杆的管壁还可以嵌入电缆或光纤链路，变成智能钻杆，能够边钻探边测井，自动化程度空前提高。

早期钻井人员钻出了许多明显偏离垂直方向的探井，要知道，只要偏离10度，探井在3千米深处就会偏离垂直方向近500米。因此，早期油田的钻井无意中采用了邻近钻井理论，有时甚至与另一口井合并在一起。这种无意偏离垂直方向的做法具有重要意义，然而在20世纪20年代中期的俄克拉荷马州，人们认为这是一个难题，但它最终引领了定向钻井技术（偏离垂直方向的角度越来越大）、真水平钻井技术和延伸钻井技术（水平钻具的长度至少是垂直钻孔的两倍）的发展。

给海洋凿洞：海上钻井史

1949年，约翰·海沃德（John Hayward）将一艘半潜式钻井船和一个桩承平台组合起来，建造了世界首座半潜式钻井平台，并将其命名为"布雷顿20号钻机"（Breton Rig 20）。他想了个办法，将压载驳船固定在海底，只让桩子（连接到驳船上，为作业平台提供支撑）暴露在海浪中。该钻井平台钻出了19口油井，后于1950年被科麦基公司收购。更好的版本建于1953年，它就是由海洋钻探勘测公司创始人奥尔登·J.拉伯德（Alden J. Laborde）打造的更先进的"查理先生号"钻井平台。后来，海洋钻探公司与其他三家从事海洋钻探业务的龙头企业合并，成立了"越洋钻探公司"，一跃成为世界海洋工程领域的领导者。

"海上51号钻机"是世界首座自升式钻井平台（也称为"自升式钻塔"），于1954年投入运营。它有10根桩腿（每根桩腿直径1.8米，长48米），桩腿底部连接桩靴，以降低钻井平台对海床产生的压力。1956年，勒图尔诺公司建造了一座现代自升式钻井平台原型。该平台采用三角形结构，只有3根桩腿，齿轮由电机驱动。然而，自升式平台对于深海钻探而言并不适用。1961年，壳牌石油公司率先在墨西哥湾安装了一座半潜式钻井平台"蓝海1号"。紧接着，墨西哥湾迅速出现了大量设计迥异的钻井平台，10年后，该地区共有30座半潜式钻井平台在运营。

20世纪70年代，越洋钻探公司推出了"发现者级"钻井船，这些钻井船在其运行过程中多次创造了新纪录。到了2000年，第五代"发现者级"钻井船可以钻探到3千米的深度。海上钻探的新篇章始于深海作业，深海作业指的是在海底1500米的超深度进行钻探。放眼全球，墨西哥湾的深海作业项目最为集中，而且墨西哥湾创下了最多与之相关的纪录，包括2003年由"发现者深海号"在海底3000米处钻的探井。

2016年年初，为道达尔公司和埃克森美孚石油公司服务的"马士基冒险者号"钻井船在乌拉圭近海钻探，其钻探深度达3400米，由此创下了新的纪录。深海钻探活动经常能带来回报，人们在一些海域找到了大型油田，包括墨西哥湾（美国和墨西哥海域）、巴西近海（油田位于海平面2千米以下，其上覆盖的岩层厚度达5千米）、圭亚那、西非、安哥拉以及最近发现的东南亚海底油田。到2017年年中，全球共售出820座移动式海洋钻井平台（包括自升式平台、半潜式平台和钻井船），其中11%的钻井平台位于美国海域。

世界首批短半径水平钻井分别出现于1929年的得克萨斯州和1937年的苏联；到了20世纪40年代，加州的约翰·伊斯特曼（John Eastman）和约翰·旭普林（John Zublin）设计并使用了第一批短半径（6～9米）钻井工具。实践证明了短半径水平钻井这种新技术的可行性，但由于成本高昂，它并没有实现商业化推广，只是到了20世纪70年代后期，北美和欧洲才对水平钻法重新点燃兴趣。直到20世纪80年代,水平钻法才在商业上大获成功。在这10年间,北美洲的油气开采企业钻探了300多口水平井(绝大多数是半径30米左右的中等半径钻井);但到了90年代,完工的水平钻井数量是80年代的10倍,而且越来越多油井被发现位于北美地区以外。起初,人们怀疑水平钻井倾角无法超过70度,但很快就有企业打出了90度倾角的水平井,类似疑虑顿时烟消云散。通过控制钻压或改变钻速,人们就可以实现小倾角;而大倾角则需要把坚硬的斜钢楔(即造斜器)放置在钻孔底部(或临时水泥塞的顶部),迫使钻头从垂直方向朝目标方向倾斜。显然,这种控制方向的方法效果不佳,很多情况下会偏离目标。

这个问题的解决办法就是利用钻井液的动能来驱动钻头。到了20世纪50年代中期,涡轮钻法开始将钻探泥浆的水力转化为旋转力,驱动钻头转动;但如今,定向钻法中采用的容积式马达反向应用了雷内·莫瓦诺(René Moineau)的灌溉泵概念,这种泵可以承受固体的大量涌入。与拥有数百转子－定子动力段级的涡轮不同,现代钻井马达只有少量的定子和转子,从1个转子到9个或10个转子不等。钻井马达的转子呈偏心式布局,它们围绕定子轴运动,起到给齿轮减速的作用;转子数量越多,扭矩越大,转速就越容易降低。

容积式马达由加压钻井液(因此被称为"泥浆马达")提供动力,泥浆的输送速率通常为每分钟300～1000升(大尺寸马达的泥浆输送速率为每分钟6000升);马达转速大多限制在每分钟80～250转,而最新设计的马达最大功率输出为400～600千瓦。钻柱停止旋转后,这些马达会让钻头偏离垂直轴,朝一个新的非垂直方向钻进,一旦新方向确立,人们就可以通过旋转包括钻柱弯曲段在内的整个钻柱来保持前进方向。

这种构造所带来的效率是非常低的（因扭矩和阻力过大会限制钻进能力），而且会产生参差不齐的井眼（即超径井眼和螺旋井眼），从而给测井和固井作业造成困难。20世纪90年代，随着旋转导向钻井马达面世，这些问题已迎刃而解。

最新款的容积式马达融合了一个高功率的钻井马达，钻柱可以连续旋转。钻柱只以足够搅动和移除岩屑的旋转速度运行，而且它的连续转动能够有效地将压力转移到钻头。不过，钻柱的转速与高速钻头（由泥浆马达通过传动装置驱动）的转速无关，后者的转向和控制由井底组件中的发电模块（涡轮驱动的交流发电机）提供动力。这种构造保持了井筒的整洁，确保打出来的井眼平滑、尺寸合适，而且钻速较高。20世纪90年代后期，可转向井下马达还被用于连续油管钻探法。

这种方法采用柔性窄钢管（直径在2.5～11.25厘米）取代标准的刚性钢管。钢管缠绕在一辆重型拖车的大线轴上，线轴在拉直后被装进井筒内。最小直径的连续油管总长度（单位绕组容量）可达7000米。小井眼钻井技术抵消了繁重的下钻环节，而新的高速涡轮钻头能够产生极高钻速（最高钻速可达每分钟10000转）。

定向钻法的好处是显而易见的。举个例子，如果含油层在地表以下3千米处，那么从偏离垂直方向70度而非60度的角度下钻，则人们更有可能从同一下钻地点到达面积几乎是下钻区域2.5倍大的含油层。定向钻法最极端的情形就是沿接近水平方向（超过80度）或完全水平方向钻进，甚至沿着水平方向作波浪状钻进（见图3.5）。这些钻井提高了油气采收率，因为它们可以穿透相对较薄的含油层，但如果想打出一系列垂直井的话，成本就会相当高。

至20世纪末，世界最长的大位移延伸井是英国石油公司在多塞特郡维奇法姆油田钻探的 M11 号油井，该油井开工 173 天后钻探距离达 10658 米（垂直深度只有 1605 米），到达了普尔湾地下沉积层。这个油井最终于 1998 年竣工。不过这一长度纪录屡屡被打破，截至 2017 年年初，世界最长油井纪录由俄罗斯国家石油公司保持，该油井开采于 2015 年 4 月，地点位于萨哈林岛柴沃油田的一个海上钻井平台。它的长度为 13500 米，水平位移距离为 12033 米。

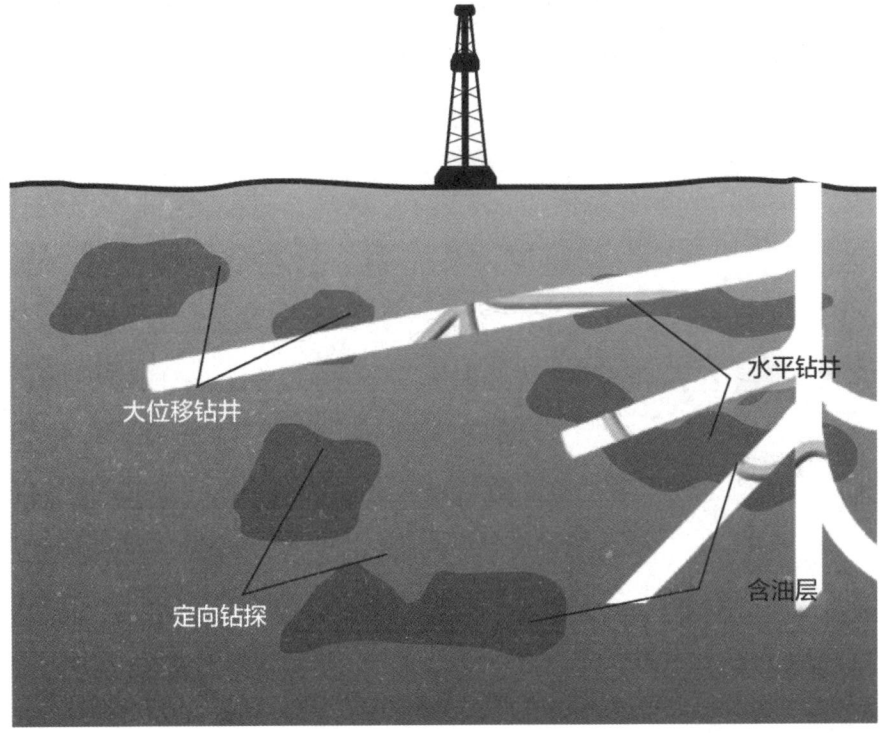

图 3.5　定向钻井和水平钻井

早期水平井的钻探成本可能是同等长度垂直井的 2~3 倍，这主要是由钻井过程中大扭矩和阻力以及保持井筒完整性等问题造成的。但是，由于水平井比垂直井更容易穿透含油层，前者的产油率可能是同一油藏内常规井产量的数倍。水平钻法成为一种常规手段之后，其成本迅速下降，由此产生的经济效益使它更加受人欢迎。前面已提到过，20世纪90年代，北美的水平井数量是80年代的10倍；而在21世纪的头十年里，水平钻法和水力压裂法结合，并成为油气勘探的常规手法。水平井还为砂性油藏和夹杂水、气问题的岩层或低渗透岩层提升油气产量创造了广阔的应用前景，但只有与水力压裂法结合在一起，水平钻法才能给美国石油和天然气开采行业带来实质性的变革。我们此前已提到过水力压裂法，而在第四部分，我们将对该技术进行详细阐述。

第7章
超大型油田发现史

从美索不达米亚的沥青到黑金勘探潮

很多地方的居民都是从渗流、沥青池和燃烧的石柱中知道碳氢化合物的存在,这些地质现象在整个中东地区尤其常见。但是,与金属矿石不同的是,起初人们并没有尝试去寻找地下石油矿床,因为较重碳氢化合物的开采仅限于少数和局部用途。古代美索不达米亚地区的一些文明用沥青和柏油铺地板,或者在墙壁画镶嵌画,又或者用作防护涂层;甚至还把较轻质石油放在火盆里烧,当作照明材料。

几个世纪后,某些亚洲地区的罗马人仿效希腊人,在围城战和海战中把石油当作燃烧弹使用,其后拜占庭帝国、穆斯林政权和奥斯曼帝国也如法炮制。工业化之前的法国同样了解石油,早在1745年,法国人就在阿尔萨斯的梅尔克维莱－佩谢尔布龙(Merkwiller-Pechelbronn)附近对油页岩进行石油开采,将石油被装在小瓶子里,作为药品出售,而法国的第一家小型炼油厂于1857年在当地创立。

毫无疑问,位于阿塞拜疆境内、里海沿岸巴库地区的阿布歇隆半岛拥有时间最长的产油和用油传统,中世纪的阿拉伯旅行者和历史学家都曾描述过阿布歇隆的油藏和油井。半岛上的巴拉哈尼有一口35米深的手工挖掘油井，从油井旁边的碑文可知这口油井掘于1593年；18世纪晚期，该地区遍布数十口浅井，当地人从这些井中提取石油（尤其是所谓的"白油"），然后通过原始热蒸馏法生产出照明用的煤油，并且用骆驼和船只将其出口到其他地方（煤油被装在皮制容器中）。1837年，俄罗斯人（巴库当时已成为沙俄帝国的一部分）在巴拉哈尼建立了第一家商用原油蒸馏厂；1846年，比比-海巴特湾出现了世界第一口手工挖掘的石油探井，其深度达21米。

19世纪50年代，用作照明的鲸油成本不断上涨，于是很多企业家开始寻找鲸油的替代品，以石油为基础的小型工业因此开始崭露头角。1846年，加拿大籍医生兼地质学家亚伯拉罕·格斯纳（Abraham Gesner）开始从煤炭中提取煤油，并于1850年在哈利法克斯安装了第一批城市照明灯；1854年，格斯纳在长岛创立了北美煤气照明公司。波兰人伊格纳齐·武卡谢维奇（Ignacy Łukasiewicz）是一名药剂师，他发明了世界上第一盏煤油灯，也是第一个从石油中提炼出煤油的实业家。当时，人们在尚处于奥匈帝国疆域内的克罗斯诺发现了原油渗流。1854年，武卡谢维奇在当地开了一座油矿，并于两年后成立了世界第一家炼油厂。

美洲第一口油井位于加拿大安大略省西南部兰顿县布莱克克里克村的一处沼泽附近，由查尔斯·特里普（Charles Tripp）和詹姆斯·米勒·威廉姆斯（James Miller Williams）于1858年手工挖掘而成。他们把水桶放入井中，将原油装上来，再倒入桶里，然后运到加工厂，在由木材加热的大锅中进行初步精炼，生产出煤油，残余油脂则用作润滑剂。到了1859年，该地区迎来了世界第一次石油开采热潮，飞速发展的布莱克克里克村也改名为"油泉村"。

同年，美国也迎来了第一次石油开采热潮。宾夕法尼亚州西部的石油渗流为当地的塞尼卡部落所知。在 18 世纪，瓶装"塞尼卡油"被当作药物出售。后来，耶鲁大学的本杰明·西利曼（Bejamin Silliman）证实石油经过蒸馏后会产生煤油，来自纽约的律师乔治·比塞尔（George Bissell）于是创立了宾夕法尼亚岩油公司（后改名为塞尼卡石油公司）。

1859 年，比塞尔将埃德温·德雷克（Edwin Drake）派往宾夕法尼亚州泰特斯维尔附近的油溪，监督该公司在当地的日常采油工作。德雷克聘请了本地一位铁匠，找到最大的渗流源，并打出美国第一口油井。钻井工作进展缓慢，每天只能打 1 米左右的深度。1859 年 8 月 27 日，在井底 21 米深处，他们终于见到了石油，并用手动泵将石油开采出来。这口井初期产量为每天 25 桶石油，但到那年年底，原油产量降到了每天 15 桶。

在 19 世纪末的最后几十年里，由于市场主要局限于照明用煤油和润滑油，石油勘探的发展速度相对缓慢。当时的主流观点认为，20 米以下地层根本不可能找到石油，休·尼克松·肖（Hugh Nixon Shaw）却要反其道而行之。

1862 年，他打出了世界第一口喷油井，深度达 60 米，加拿大的石油业由此变得更加繁荣。但很快，油藏压力开始下降，油泉村的油井只能使用蒸汽泵。1865 年，距离油泉村以北大约 15 千米的彼得罗雷亚（后来这个地方很快就改名为"彼得罗利亚"）发现了新油井，第二次石油开采热潮也随之而来。然而，到了 1891 年，约翰·戴维森·洛克菲勒的标准石油公司以低廉的价格将美国石油卖到加拿大，安大略省的石油开采热潮戛然而止。标准石油公司成立于 1870 年，不到 10 年时间，它就控制了煤油和其他成品油市场大约 80% 的份额。

1875 年，路德维希（Ludvig）和阿尔弗雷德·诺贝尔的兄弟罗伯特·诺贝尔（Robert Nobel）创办了他们的里海石油公司，该公司最终成为巴库地区的主要石油生产企业诺贝尔兄弟石油公司，并于1877年建造了世界第一艘运油汽船"琐罗亚斯德号"。1878年，人们在比比－海巴特发现了一口喷油井，表明这是一个规模超大的油田。后来，该油田原油产量巨大，被归类为世界第一个已知的大型油田，即拥有至少5亿桶可开采原油（见图3.6）。1883年，罗斯柴尔德兄弟成立了里海与黑海石油工业与贸易协会，开始在巴库地区展开投资。

图3.6　1886年，位于巴库地区的一座木制石油井架

美国第一批大型油田是位于宾夕法尼亚州的布拉德福德油田和阿勒格尼油田，它们分别在1875年和1879年开始开采，另外还有位于加利福尼亚州的布雷亚－奥林达油田和麦基特里克油田，这两处分别在1884年和1887年开始开采。得克萨斯州的第一口产油井钻探于1866年，但直至1894年，科西嘉纳的市政人员在打水井时才意外钻出该州第一口具

有商业价值的油井，而该地区第一批产油井是由约瑟夫·库里南（Joseph Cullinan）于1895年挖掘完成的，库里南后来成为了得克萨斯州公司（该公司在1901年更名为德士古公司）的创始人之一。

1901年1月10日，安东尼·F.卢卡斯（Anthony F.Lucas）在得克萨斯州博蒙特附近的斯平德托普打了一口井，这口井喷出的石油高达30米，钻井工人花了9天时间才把它封住。这是石油史上最重大的发现，石油开采热潮再次到来。在发现油井那天，也就是1901年1月10日，斯平德托普油井的日产量为10万桶；而到了1902年，日产量高达1750万桶。由于斯平德托普油井产量巨大，原油供应过剩，油价骤降至每桶3美分。第二次世界大战爆发前，罗马尼亚、印度尼西亚、缅甸和伊朗等国也发现了大型油田。

与巴库地区一样，几个世纪以来，罗马尼亚南部的油藏和浅层油井一直为人们所知；而在19世纪40年代，卢卡切斯蒂建造了可对石油进行简单蒸馏的车间。1857年，一家采用铸铁蒸汽汽缸的真正商业炼油厂在普洛耶什蒂（位于布加勒斯特以北60千米）开始运营。1900年，罗马尼亚唯一一个大型油田"莫雷尼-古拉奥克尼采伊"面世。

1883年，苏门答腊岛北部发现了石油，当时的苏门答腊岛是荷属东印度群岛的一部分。1890年，让·巴普蒂斯特·奥古斯特·凯斯勒（Jean Baptiste August Kessler）、亨利·德特丁（Henri Deterding）和雨果·劳登共同创立了荷兰皇家荷属印度群岛石油资源勘探公司。1907年，该公司与马库斯·塞缪尔和塞缪尔·塞缪尔（Samuel Samuel）两兄弟创立的壳牌运输贸易公司合并，由此诞生了皇家荷兰壳牌公司。1833年，塞缪尔兄弟的父亲老马库斯在伦敦开了一家出售贝壳的小商店，所以壳牌公司的贝壳标志后来成为全球最具辨识度的商标之一。

1886年，缅甸石油公司在格拉斯哥成立，并于一年后开始生产石油，其开采的石油大多数来自仁安羌、稍埠和敏巫等地的中等规模的油田。伊朗的石油勘探活动始于1901年5月，伊朗国王授予威廉·诺克斯·达西（William Knox D'Arcy）特许权，允许他在席林堡和查索赫钻探油井。到1904年，达西已经花费了22万英镑，这在当时是一笔巨款，但他却没有找到大量有商业价值的油田。1905年，缅甸石油公司出手相救，向达西的公司注入资金，形成新的企业集团。接着，达西与巴赫蒂亚里（Bahktiari）部落的酋长们签署了一项合同（该合同从未得到伊朗政府的认可），得以在伊朗西南部边境附近钻探石油。

1908年5月26日，该公司在马斯基德苏莱曼发现了中东地区的第一个油田。1909年，英波石油公司（英国石油公司的前身）成立，其使命就是开发该油田。1914年，英波石油公司与英国海军部达成一项协议，由前者为英国战舰供应燃油，因为当时英国战舰对燃料的使用正从煤炭转向液体燃料，而就在第一次世界大战爆发之前，英国和德国海军都决定更换燃料。于是英国政府成为了英波石油公司的大股东。

在20世纪早期的几十年里，得克萨斯州北部发现了一些大型油田。1930年10月，一名叫C.M.乔伊纳（C. M. Joiner）的投机分子在得克萨斯州东部发现了一个油田，但大型石油公司的地质学家认为该油田潜力不大，拒绝开采，于是乔伊纳开始亲自从事油田开采工作，得克萨斯州最大的油田"东得克萨斯油田"由此诞生，随之而来的又是一次石油开采热潮和产能过剩。1931年8月，政府对东得克萨斯油田颁布减产令，得克萨斯铁路委员会开始实施生产配额制。

1925—1950年，东得克萨斯油田是得克萨斯州三大油田中规模最大的，其他两个大型油田分别是耶茨油田和位于得克萨斯州西部、靠近新墨西哥州边境的沃森油田,前者发现于1926年,后者发现于1936年。沃森油田面积非常大(约25000公顷),到20世纪90年代末,其累计开采量仅次于东得克萨斯油田。

石油勘探活动到20世纪末才开始扩大。回首石油发现史,其黄金时代显然出现在20世纪上半叶,当时关于发现大型油田的新闻频繁得犹如家常便饭。1900年,美国只有7个大型油田,但到了1925年,美国的大型油田总数已经上升到75个;而到了1950年,美国大型油田的数量增加到了220个。1900—1925年,加利福尼亚州发现了美国最大的两个油田,分别是1901年发现的中途日落油田和1922年发现的威尔明顿趋势油田。

墨西哥原油生产始于1901年,到了1920年,该国成为世界第二大原油生产国和第一大原油出口国。1932年,墨西哥还在韦拉克鲁斯附近发现了波萨里卡油田,可尽管如此,墨西哥的原油生产国和出口国地位依旧不保,因为委内瑞拉也发现了大油田,且规模更甚于中东地区的新油田。1914年,委内瑞拉在马拉开博湖东岸发现了第一个大型油田大梅内油田;1917年,该国又发现了超大型油田玻利瓦尔沿海油田。20世纪20年代,拉巴斯和基里基雷这两大油田也相继被开发出来。

除了伊朗之外,中东地区第一个大油田是由土耳其石油公司发现的。土耳其石油公司成立于1912年,其使命是寻求奥斯曼帝国的支持,获得在伊拉克钻探石油的特权。1925年,伊拉克新政府成立后,这笔交易终于达成。1927年10月,人们在基尔库克北部的巴巴古尔古尔发现了石油。1934年,已改名为伊拉克石油公司的土耳其石油公司开始生产石油。

事实证明,巴巴古尔古尔油田是一个超大型油田,伊拉克大部分石油均产自此地，这种情形一直持续到巴士拉附近的鲁迈拉油田于1953年面世并投产。英伊石油公司也在伊朗进行了勘探，分别于1928年、1935年、1937年和1938年发现了加吉沙朗和哈夫特油田、纳夫蒂萨义德油田、帕扎朗油田以及阿迦贾里油田。

1933年5月29日，沙特国王阿卜杜勒阿齐兹（Abd al Azīz）（沙特阿拉伯于1932年9月刚成立不久，阿齐兹担任国家元首）在吉达签署了迄今为止最重要的一项石油勘探特许权。

加利福尼亚阿拉伯标准石油公司（简称CASOC）是加州标准石油公司（即现在的雪佛龙公司）的子公司。为了获得在哈萨地区（如今沙特的东部省份）的石油勘探权，它向沙特政府支付了价值35000英镑的黄金作为首付款。勘探工作始于1933年9月，到了1938年，标准石油公司在波斯湾西岸宰赫兰市附近的达曼发现了第一个大型油田；不久之后，它又在附近发现了规模更大的艾卜盖格油田、阿布哈德里亚油田和位于宰赫兰背部的卡提夫油田。1944年，加利福尼亚阿拉伯标准石油公司更名为阿美石油公司。1948年，阿美石油公司在宰赫兰西南部发现了加瓦尔油田；到了1956年，该油田经过广泛钻探之后被确认为世界最大的原油储存地。

20世纪40年代末，加拿大的首批大型油田相继在艾伯塔省现身，包括1947年发现的勒杜克-伍德兰德油田和1948年发现的瑞德沃特油田。俄罗斯以及1921年以后的苏联石油开采主要围绕着里海的油田展开，这种情形一直持续到第二次世界大战结束。俄罗斯在巴库地区发现了三个大型油田，分别是1896年发现的巴拉哈尼油田、萨本奇油田、罗马尼油田，1928年发现的卡拉楚库油田和扎赫油田，以及1949年发现的纳夫特达斯拉利油田。

第二次世界大战之后，伏尔加河和乌拉尔河之间的区域迅速崛起，成为俄罗斯最大的产油区，分别于1937年、1945年和1948年在图伊马济（即如今已实现自治的巴士科尔托斯坦共和国）、穆哈诺沃和罗马什基诺（即如今的鞑靼斯坦共和国）发现了大型油田。

第二次世界大战后，世界对石油的需求量剧增（详见第一部分），而20世纪50年代和60年代新发现的大型油田（绝大多数位于中东地区）很好地满足了这一需求。在那20年里，最引人注目的新油田包括在伊朗的扎格罗斯产油区发现的超大型油田。差不多在这个时候，苏联的石油生产中心开始了第二次转移，从伏尔加河与乌拉尔河流域转向西西伯利亚，并于1965年发现了萨摩特洛尔超大型油田；而位于阿拉斯加北坡的普鲁德霍湾油田（发现于1968年）则成为美国最大的超大型油田。

20世纪50年代，加拿大相继发现了彭比纳、韦本－米代尔、斯旺希尔和朱迪克里克等大型油田，该国石油储量得以大幅提升。当时石油储量剧增的国家还包括阿尔及利亚、利比亚和尼日利亚。1959年，中俄两国地质学家在黑龙江发现了大庆油田，该油田连续27年的年产油量都达到了5千万吨，还有12年的年产油量为3.3千万吨，保持着极高的生产水平。在大庆油田被发现近60年后，这座油田仍然是中国最大的石油产地，而且它在2015年的石油产量比渤海油田高出了约25%。20世纪50年代和60年代初，人们在墨西哥湾和波斯湾相对较浅的海域发现了首批大型海上油田。

20世纪70年代，欧佩克史无前例地推高石油价格，引发了"能源危机"（详见第一部分），并导致全球经济增长放缓、巨型石油输出国组织出现。在这10年里，新发现的大型油田数量仍领先于60年代的新油田总数量（尽管领先优势十分微弱），但这些油田的可开采油藏总量比 60 年代低了近 50%，因为新发现的大型油田总体而言都比以前的小。70 年代勘探的最大油田无疑是墨西哥于 1976 年发现的坎塔雷尔油田，按日均产量计算，坎塔雷尔后来成为了世界第三大油田。北海的石油勘探也取得了成果，人们在挪威海域发现了好几个大型油田。

1985 年原油价格崩盘之后，全球油气勘探活动急剧减少，价格上下波动，但仍然远低于 1981 年的峰值水平（排除通胀因素）。到了 90 年代，勘探新油田的投资总额仍然很低，直到 2005 年石油价格上涨，投资才开始显著增加。尽管如此，在 20 世纪的最后 20 年，还是有一些著名的大型油田面世，包括挪威在 1984 年发现的德劳根油田、1985 年发现的海德润油田和 1992 年发现的诺恩油田，墨西哥在 1985 年发现的卡安和楚克油田以及 1999 年发现的西希尔油田，伊朗在 1999 年发现的超大型油田阿扎德甘油田，哈萨克斯坦在 2000 年发现的超大型油田卡什干油田，巴西在 1985 年发现的马里姆油田、1985 年发现的阿尔巴克拉油田、1996 年发现的荣卡多油田，以及美国在 1991 年发现的乌尔萨油田、1996 年发现的奥格尔油田和 1999 年发现的阿尔派油田与雷马油田等。

国际政治操纵原油储量

20 世纪 60 年代，新发现的大型油田数量接近 160 个，但该高峰期过后，新油田数量明显下降了。到 80 年代，新油田数量下降到大约 80 个，而到了 90 年代，新油田数量只有 37 个（又有一说是 43 个，这要取决于石油储量的估算方式）。相比之下，这些新发现油田的预估石油总储量下降得更快，从 60 年代的最高峰 2700 亿桶下降到 90 年代的 300 亿桶左右，但是，石油储量评估一直以来总有夸大成分。这些趋势是我们不希望看到的，因为全球各地油田的大小是呈双曲线频率分布的（第二部分已对此做过解释）。不过，从2000年到2009年，新发现的大型油田数量一直在上升，而在21世纪的第二个十年，新发现的油田数量在自1868年以来发现的油田数量中排名第四。考虑到全球油田分布的不均衡性，拥有大型油田数量最多（或少数几个超大型油田）的国家必定石油储量最高（见图3.7）。2018年，石油储量最高的前五大国家（以该国占世界

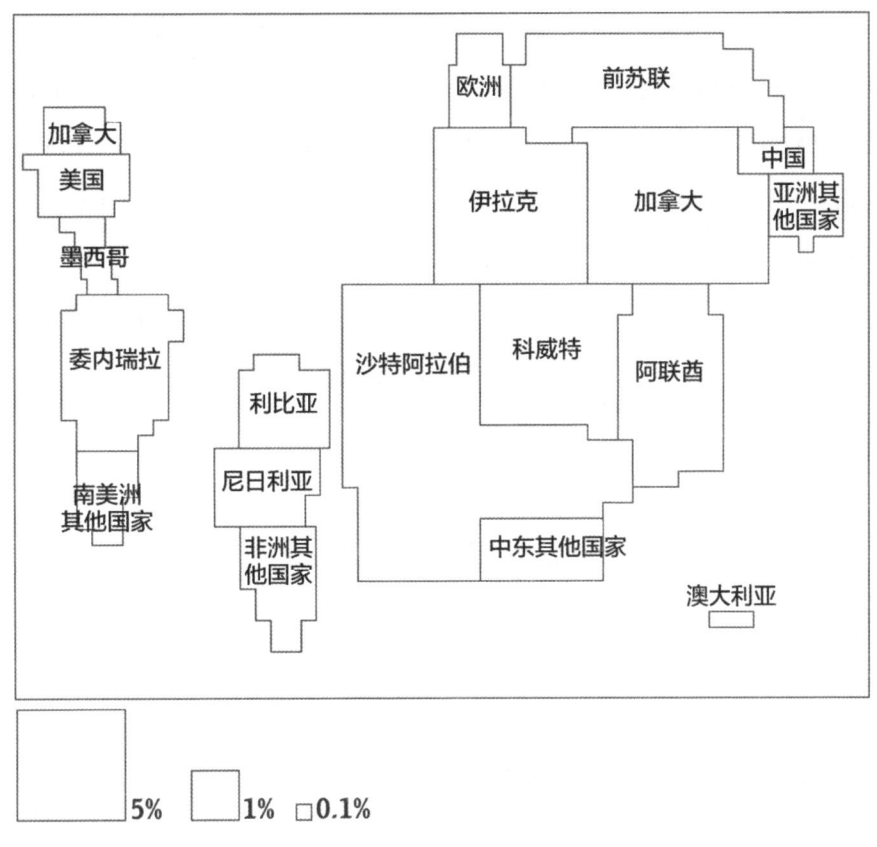

图3.7　2015年世界地图简图，显示出各国家和各大陆的大小与其常规石油储量成正比

常规石油储量的比例计算，四舍五入至最接近的百分比）分别是沙特阿拉伯（20%）、伊朗（12%）、伊拉克（11%）、俄罗斯和科威特（各占总储量的8%左右）。但是加上非常规石油资源后，这一顺序就被打乱了（见第五部分）。

另一个值得注意的事实就是：20世纪后半叶，全球石油储量增长速度惊人。从1945年开始，《世界石油》（World Oil）和《石油与天然气》这两家石油行业的主要期刊在全球范围内进行调查，记录下了全球石油储量增长的过程。

据《石油与天然气》估计，全球石油储量从1945年的500亿桶和1950年的850桶增加到了1974年的7150亿桶，这是迄今为止史上石油储量增长幅度最大的25年。在经历了10年停滞之后，1988年的全球石油储量超过了9000亿桶，1995年更是迈过10000亿桶大关（10070亿），而到了2000年，全球石油储量升至10280亿桶。然后，由于人们把此前被排除在年度估算范围之外的非常规储量（主要是委内瑞拉和加拿大的非常规储量）也加了进来，所以全球石油总储量在2005年上升到12920亿桶，此后又在2017年飙升至17000亿桶。

原油储量的计算难题

石油企业不仅能够找到足够的原油来应对原油储量枯竭的问题并满足市场日益增长的需求，而且新发现的油田能让全球原油储采比持续上升（"原油储采比"是指现有原油可采储量与每年开采量之比），这充分证明了石油工业拥有创新精神，并且在地球物理勘测和石油钻探方面不断地取得进步。

现有数据表明，储采比在 1945 年的数值为 20 年多一些。至 20 世纪 50 年代末，一大批新发现的油田（大部分位于中东和俄罗斯）将储采比提高到了 40 年；随后新发现的油田数量下降，导致 1979 年的全球原油储采比降到了 26 年。但是到了 20 世纪 80 年代末，该数值创下历史新高，达到 45 年左右；而到 20 世纪末，储采比达到了 48 年。10 年后，全球原油储采比上升到 54 年；而到了 2016 年，这个数字又下降到 51 年左右。（见图 3.8）。

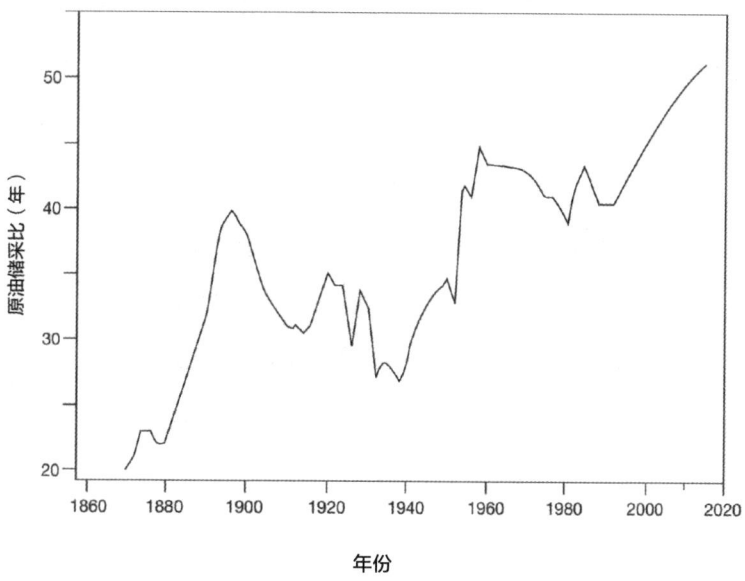

图 3.8　1945—2015 年全球原油储采比

全球原油储采比没有进一步滑落，这固然可以算作一项了不起的成就，但现代石油工业最惊人的成就（只不过很少有人意识到该成就）在于：从 1950 年到 2017 年，尽管全球石油产量增长了 24 倍，然而新勘探开发的油田将储采比提升到了 50 多年。全球原油储采比整体呈上升趋势，这是不争的事实，但仍有人对媒体所报道的各国

139

原油总储量的某些变化表示怀疑。

这种担心的来源是国际标准不够严谨和统一，使得很多数值无法比较，而且某些国家的总储量一直令人怀疑。美国证券交易委员会使用"已探明储量"这个概念来表示一国近期准备开采的石油，而加拿大采用"已探明可期储量"来计算在其寿命期间产油可能性非常高的油田的储油量。除此之外还存在一些石油储量的估算方法，但它们无法对最终能够开采多少石油进行实际评估。

这个老大难问题在1987年得以缓解，当时世界原油储量实现了创纪录增长，而增长的动力并非因为人们发现了任何特大油田（那时候世界范围内的勘探活动实际上处于1950年以后的最低水平），而是因为欧佩克6个成员国单方面宣布大幅上调原油储量。这一年，各国上调的原油储量占总量的27%，而光是欧佩克成员国的上调比例就占了上调总量的90%。当时正处在两伊战争期间，伊拉克和伊朗分别对原油储量做出了最大幅度的修正，上调比例高达112%和90%。在石油行业，对现有储备进行上调是一种常规做法，但如此大幅度的上调以及上调时机（恰好在全球原油价格崩盘之后）令人怀疑。其他可疑的总量多年来一直没有变化。

只有在国营石油企业公开账簿（这种可能性不大）之后，该难题才能从根本上得到解决。此外，美国的保守派认为，所有上市石油企业提出的原油储量必须在美国证券交易委员会备案；而几乎可以肯定的是，俄罗斯的原油储量（俄罗斯依旧沿用苏联时代制定的资源分类法）要高于西方公布的估算数据。

另一方面，我们也许会看到，有些国家采用了更先进的开采技术，这会把它们的一部分非常规原油（比如重油和页岩油）资源添加到原油总储量当中。不管怎样，我们不应该把储采比当作一种高度精确的计算工具，而是应该将它视为一种便捷的指向性指标，它能让我们了解具备商业开发价值的石油资源总量及其未来开采前景。

第四部分
制造石油产品

可开采原油的发现仅仅是个开始，从发现原油到配送成品油再到终端市场，中间还要经历油田开发、开采管理、精炼、运输这一系列漫长的过程。正确的管理模式可保证油田的生产周期尽量延长，现有一些油田由于管理得当，已连续产油一百多年。

钻孔达到预期深度后，开采者必须仔细评估测井结果，以确定是否要完成余下的钻井工作，也就是用重型钢材进行固井（用水泥把钢材固定住）。倘若该井不值得开发，开采者就要将其废弃（用水泥堵塞井眼）。如果有足够的迹象表明井中油气浓度具备商业开采潜力，那此次勘探是成功的。这正应验了石油行业的说法，油气源自勘探地质异常区域。不过，即使发现了大型油田，油井也无法马上投产。在深入开发之前，开采者必须对油田做进一步钻探，对整个油田进行更详细的规划，以便更准确地判断可开采原油的量，并决定整个油田的最佳开发路线。即使到了这个时候，如果油价下跌导致开发新油田成本相对较高、利润较薄，开采者也可以决定暂时关闭油井，但是如果油价上涨，那些此前因利润微薄而关闭的、需要采用昂贵油泵的老油井也可以重新投入运营。

石油生产高度集中在少数几个最大的产油区，而世界各地液体燃料消费不断上升，因此人们唯有通过新出现的规模化运输和储藏技术，才能弥补产销之间的鸿沟。被运往世界各地的原油和成品油产品在长途运输中依靠管道和油轮，在短途运输中依靠铁路油罐车和卡车，它们共同构成了地球上规模最大的批量矿物商品中转活动。

原油是由多种有机化合物组成的复杂混合物，若直接燃烧原油，将是对这种宝贵的不可再生资源的巨大浪费。将混合物分成几种成分较为接近（但异质性仍然相当大）的主要类别产品，能为终端产品增加很大价值，而这些终端产品可用于特定用途，并能够以反映其相对稀缺性和整体效用的价格进行销售。这种将原油分离成特定燃料（和非燃料产品）的过程被称为"精炼"，人们在这一过程中对原油进行各种物理和化学处理，从而最大限度地提高终端产品的产量。

第 8 章
产油大国的采油法

采油树、智能井和页岩革命

在成功勘探油藏之后,以及对其进行商业生产之前,开采者要做更多的钻探工作。为了划定油藏的范围和深度,开采者需要打更多的井,还要排列好产油井的位置,以便于长期开采。在随后的几十年里,开采者还必须钻探新的油井,以监测、维护和提高原油产量。这些井被称为"监测井"和"注水井"。随着油田逐渐老化,油藏压力逐渐下降,开采者必须钻探新油井,以充分利用此前未开发过的部分地层,并通过特制的注水井将流体注入含油地层,从而提高原油采收量或对气体进行储存。为了加深现有钻井,钻探人员需重新进入旧井眼,而其中的工作井和废弃井都可以用来钻探水平井和多侧向井,因此,开发井比勘探井的数量要多得多。完井的目的在于确保原油能够源源不断地流到井中,同时使原油与地表或含油层的水及油井周围的岩层隔离开,让人们能够把原油顺利地带到地表。

现代油井完井时,需要人们用钢套管覆盖整个含油区(套管一直延伸到井底,用水泥固定住),因此确保石油从周围地层流入油井是很有必要的。人们采用各种机械法在套管上打孔,包括用短管霰弹枪朝套管发射特制子弹。今天的标准做法是使用聚能射孔弹:子弹高速爆炸,很容易穿透井内的钢套管和周围的水泥,并在含油层炸出短而窄的小孔,使油气能够自由流入井内。为了尽量减少多余液体流入(尤其是含盐层的水),钻井人员可以沿着套管精确定位穿透点,再以射孔弹将其射穿。

从深井中开采的原油大部分是通过油管抽出来的,而油管是套管内的一种特制管柱。之所以这样操作,主要原因是油管易于维修。油管与套管不同,前者没有用水泥固定,而是一般固定在生产区上方位置,通过紧扣在套管内壁上的夹持元件和特制橡胶密封件连接。因此,假如接头或部分油管发生故障,人们很容易对其进行修复。此外,这种结构还方便工作人员在油管内安装各种流量控制装置和自动关闭安全阀,保护套管不受油气、水和从井中提取的分散固体的腐蚀和侵蚀。当地面安装好井口装置后,一口钻井就完成了。

这种由阀门、线管、压力计和止回阀等组件构成的井口装置通常被称为"采油树",它标志着原来人烟罕至的地区出现了一口油井。采油树在1922年被首度应用于石油钻探活动,它与完井的顶部连接,以达到控制原油流量的目的(见图4.1)。将一根小直径的采集管从井里通向储油罐,然后用于勘探钻井的整个区域就可以恢复以前的用途。

新油井通常有足够的压力(压力源自积聚的气体、水或重力排水)将原油从储集层推入井筒中,并一直推向地表(也就是说,储集层压力高于井筒内的压力)。在气压大于泡点压力的油藏中,未饱和原油会含有体积可变的溶解气,地层体积系数(油藏与油罐桶数量之比)通常在1.2~1.6。因此,当原油到达地表时,油量会减少,但膨胀的天然气可以帮助原油自然流动。最佳的自然流动状态莫过于油井中存在气顶,这样,

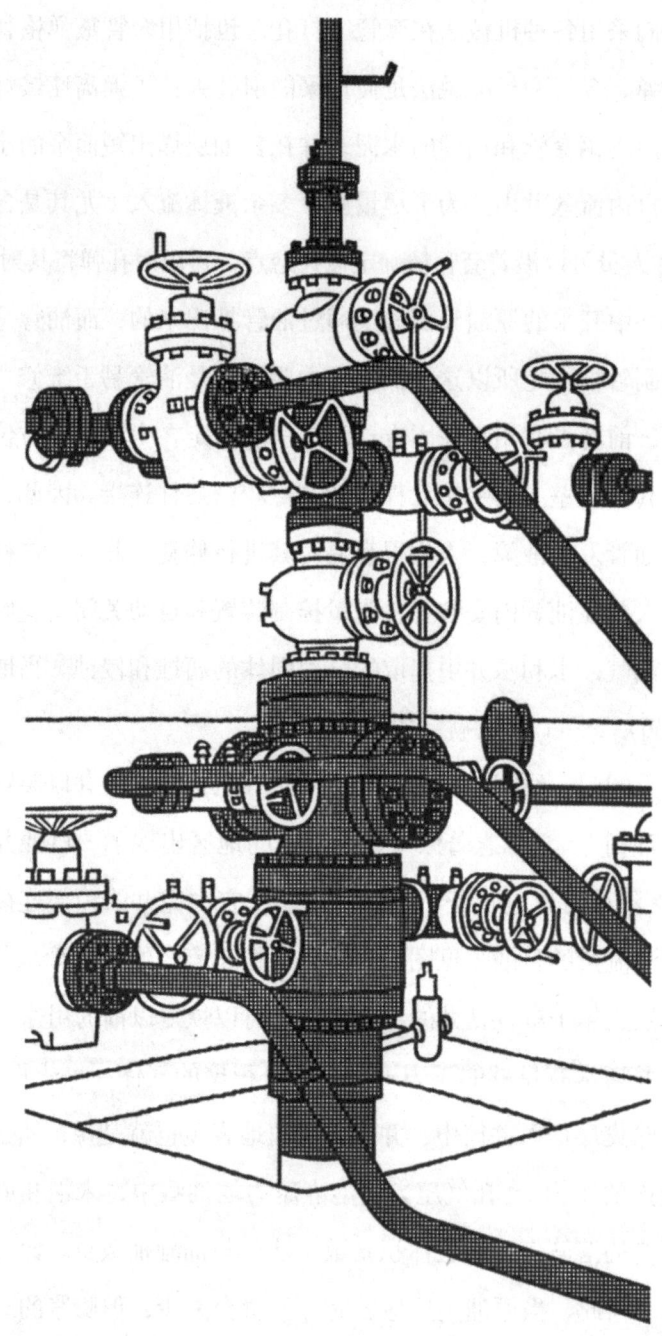

图 4.1 "采油树"井口装置

井中至少一半原油能够在无外力辅助状态下到达地表（但更常见的是，只有 25%～35% 的原油能够到达地表）。借助天然地下水驱动原油涌向地表的做法效率较低，这种办法得到的原油采收率只有 10%，仅在极少数情况下能够达到 40%。在采油过程中，油藏压力会下降（有时在几个月内就会迅速下降，但通常是在许多年之后才会下降），因此开采者有必要采用人工方式提取原油。然而，有些油藏（尤其是含重油的油藏）原始压力不足，因此开采者从刚开始产油时就需要进行人工抽油。

借助自然压力或利用油泵抽油这两种方式都被称为"石油的初次开采"，而在绝大多数油藏中，初次开采只能提取地层中的一小部分原油。早期的石油生产商遵循一种完全原始的开采顺序：首先，他们利用油藏的自然压力采油（而且经常打太多油井）；接着，原油不再自然流出后，他们就用油泵抽油。一旦人工抽油成本太高，他们就认为该油藏已经枯竭，转而到别处继续寻找石油。与原油相伴相生的天然气被随意排放到大气中，或者被点燃后在露天燃烧。如今，这种浪费资源的做法在世界各地已大大减少，但在一些地区，这种做法仍在继续。地球观测卫星从太空中发现了地球上耀眼的光点，那正是天然气燃烧所形成的巨大火团。

初次开采，我们用的是什么？

在井筒中抽取流体需要借助外部能量。一直以来，人们使用杆式泵、电潜泵和气举装置等方式抽油。杆式泵（也叫"梁式泵"）很容易辨认，因其有两大特征，第一个特征是构造庞大，泵体由游梁、连杆、曲柄、平衡锤和柴油机组成，柴油机驱动曲柄和平衡锤，再通过连杆驱动游梁；第二个特征则是杆式泵工作时会做出点头似的笨重动作。

1917年，电潜泵首次在巴库油田投入使用，但直到20世纪20年代，菲利普斯石油公司推出设计更先进的电潜泵之后，这种产品才得以推广。现代电潜泵具有较长的冲程和较慢的速度，从而使泵的灌注过程更完整，也使泵的效率更高；它还是一种高度很低的泵，能够在农田的中轴灌溉管道下工作，人们对其经过全新设计后，用计算机控制的电缆取代了连杆。现代电潜泵属于多级离心泵，安装在井筒流体下方，通过铠装电缆供电。地下液压泵使用传动液，传动液在内管柱流动，与原油混合后经由管柱之间的环隙回流。提取天然气时，电潜泵还可以用来降低液柱高度（天然气提取系统首次出现于20世纪30年代）。如今，全球正在开采的油井中，有超过半数的油井使用某种人工抽油设备，其中以杆式泵最为常见。

如今，油藏工程已成为利润丰厚的石油开采行业的重要支柱。它在20世纪20年代开始缓慢发展，到了30年代和40年代迎来高速发展期。随着定向钻探和水平钻探技术的普及、多侧向井以及二次开采和增产新方法的出现，油藏工程发生了彻底变革。我在第三部分已经提到过，在20世纪80年代末和90年代，水平钻探技术迅速流行。除了此前已经说到过的优势（尤其有助于提高原油产量和采收率），该技术还有其他引人注目的特点。首先，它让钻井人员能够在一个地点同时完成几口油井的开采，对于海上油田来说，这种技术特别受欢迎，因为人们只需要搭建一个钻井平台，就可以从多个油井采收石油，而在人类难以进入的陆地环境以及在从单一井口就可以进入的一些较小油藏，水平钻井技术也同样适用；其次，水平钻井技术减少了油藏开发过程中钻井的数量（更重要的是，减少了海上钻井平台的数量）；最后，水平钻井技术使井口远离环境敏感地点，而且便于开发那些远离陆地的近海油藏。

1949 年，亚历山大·M. 格里戈里扬（Alexander M. Grigoryan）率先提出利用多侧向井开发油藏。1953 年，在伊辛巴伊油田（即如今俄罗斯联邦的巴什科尔托斯坦共和国），格里戈里扬用井下涡轮钻具（不用旋转钻柱即可操作的钻具）在产油层上方钻出一个 575 米深的主井眼，然后从主井眼钻了 9 个分支井，从而进入产油区，该产油区最大水平位移达 136 米。格里戈里扬钻出的这口井成为世界第一口多侧向油井。它的钻探成本约为垂直井的 1.5 倍，产量却是垂直井的 17 倍。由于利润丰厚，人们后续在伊辛巴伊油田又挖掘了 110 口这样的多侧向井。虽然多侧向钻井术在前期取得了巨大成功，但由于它的成本较高，这项技术并没有被广泛接受。多侧向钻井技术的商业推广落后于水平钻井技术 10 年左右。到了 1995 年以后，多侧向钻井的完井数量才不断增加。最简单的多边钻井方式是从裸井的主井眼开钻孔，但人们只有在胶结地层中，才有可能做到这点。还有一种更常见的做法就是从已安装上套管并完成固井的主井开始侧向打孔。在精密的地质导向技术工具的帮助下，用泥浆马达打孔的多侧向井（有时呈鱼骨状，分支井从主井眼向四周辐射）既能延长老油田的寿命，又能使新发现的油田实现最佳的排储功能。现在，若含油层如过山车般连绵起伏，钻井人员还可以打出波浪状的井眼。

另一种具有创新性的技术则是智能井系统。自 2000 年以来，这项技术已经成为钻井行业的主流解决方案。1997 年，第一套具有永久监测能力和控制地下流体能力的智能井系统安装完成；而到了 2005 年，共有 200 多套这样的装置完成安装。智能井系统的目标是在井内安装可以在地表遥控的传感器、检控设备和完井部件（尤其是所有液压控制阀或电子驱动滑动套筒），从而最大限度地提高原油产量和采油速度。通过持续的监测，我们能够实时控制产油井中的水侵或气侵的流动情况，并调节注水井中水或气体的流量。智能井系统产生的数据被用来对油藏进行越来越复杂的动态模拟，这些模拟有助于优化原油采收率，并预测油藏流动和井况。考虑到这类装置的成本，它们一开始最适合安装在高成本油井中（主要是深水钻井），用于管理多侧向井的生产，并通过优化二次和三次采油过程来提升成熟油田中老油井的产能。智能井也被用来开发边际油田，从重油矿藏中开采原油。北海和墨西哥湾是最早安装智能井的两个产油地区，所以那里的智能井数量最多，不过如今这类油井在很多陆地石油开采作业中变得常见起来，下一步合理的举措就是扩大智能井的使用范围，使整个油田智能化。

二次采油：让开采量翻倍

二次采油的主要目的是使油藏压力恢复到适当水平，让原油流向井筒。注水驱油是最常见的二次采油方式。在石油开采行业兴起的最初几十年里，注水驱油是一种无意识的行为，但从 20 世纪 20 年代以来，有控制的注水驱油法开始应用于注水井。然而，注水地层的渗透性是可变的，而且注入的水有可能进入油井，因此产油和石油加工过程会出现难题。提取到地表的原油必须与水、气和杂质隔离开，而当注入的流体在总产油量中所占的比例达到极限时，开采活动的成本就提高了。

在大型油田，二次采油意味着大量的水需要处理。自 20 世纪 60 年代初起，加瓦尔油田就利用外围水资源进行水驱法生产。到了 2003 年，已开采原油的水饱和度达到 33%。该油田用海水驱油，海水来自波斯湾,通过一条管道输送过来;尽管已被原油乳化的底层海水可能要做进一步处理才能分离出来,但这些水一般会被废弃掉。水也可以与聚合物混合,以提高其黏度并降低其流动性。表面活性剂可以用来收集原油,用屏障将原油围起来,使水更容易把原油推到地表。蒸汽驱油法是指向油藏注入热蒸汽或周期性地注入蒸汽和水,这种方法常用于开采重油。

非混相注气驱油是一种和天然气顶驱相似的驱油工艺,自20世纪20年代开始投入使用。混相注气驱油法则更为常见和高效,它将超临界压缩二氧化碳注入气顶,达到驱油目的;该方法自20世纪50年代起投入使用。目前,油田管理通常依靠优化分布注气井来提高油藏压力,或者采用火烧油层法、微生物驱油法和成本非常高昂的微乳液法。火烧油层法是指通过燃烧沥青所产生的热量和蒸汽来驱动地层中的原油,这种方法风险较高,人们很少使用;微生物驱油法则是接种合适的细菌,以产生可用作乳化剂或润湿剂的生物表面活性剂。把原油的首次开采和二次开采法结合在一起,可以开采出油藏40%~50%的初始储量,比没有提高采收率的操作方式多出20%~30%。

迄今为止,21世纪初石油生产中最重要的创新手段就是把水平钻法和水力压裂法结合起来,开采出锁在页岩中的原油和天然气。如前所述,到了20世纪90年代,水平钻法已成为一种被广泛采用的商业化技术,俗称"液压破碎法"的水力压裂法也是如此。而在此之前,油井射孔法,也就是利用炸药粉碎岩层的方法,是最普遍采用的办法。在美国原油开采行业兴起的最初几十年里,人们通常采用这种方法提高原油流量。20

世纪 30 年代，人们开始使用酸性物质取代爆炸物。1947 年，位于堪萨斯州的印第安纳标准石油公司第一次尝试水力压裂法，用泵将加压流体灌入地下，将含油岩层击碎；而流载固体（即压裂支撑剂）则使裂缝保持张开状态，以帮助此前被锁在岩层中的油气释放出来。1949 年，哈利伯顿石油固井公司为这一工艺申请了专利（并起名为"水力压裂法"）。同年 3 月，该公司分别在俄克拉荷马州和得克萨斯州对两口油井进行了水力压裂处理，使油井产能平均提高了 75%。20 世纪 50 年代，水力压裂法开始普及推广；而到了 2010 年，美国石油与天然气行业已经使用了约 250 万次水力压裂法，一半以上的油井都曾采用该方法完井。

但直到 1991 年，乔治·P. 米切尔（George P. Mitchell）才将这两种技术结合在一起。美国天然气研究协会向米切尔能源开发公司提供资金，打出了第一口水力压裂水平井。6 年后，该公司研发了一种价格更加低廉的压裂液，这种液体以沙和瓜尔豆粉作为胶凝剂。2002 年，米切尔能源开发公司被戴文能源公司收购，而后者迅速将其在水平钻探方面的丰富经验与水基水力压裂法结合起来，引发了一场给世人留下深刻印象的高效技术创新，极大改变了美国原油和天然气生产状况，使该国再次成为世界油气开采的领导者。2000 年，美国 23000 口水力压裂井所产原油只占原油总量的 2% 不到；而到了 2015 年，美国水力压裂井数量达到 30 万口，产油量占美国原油总开采量的 51%。

水力压裂法是一种革命性技术，但与此同时，人们也开始担忧它对社会和自然环境造成的影响。某些地区（北达科他州、得克萨斯州等）发现了优质页岩油气资源，于是大量工人（绝大多数是单身男性）涌入位于这些地区的新兴石油小镇，造成了住房紧张、服务业劳动力短缺，以及其他与人口快速增长相关的问题，但最令人不安的莫过于空气和水污染问题。越来越多重型卡车驶入农村道路（数以百计的油罐车满载着完井所需的水力压裂液，同时数以千计的卡车被用来满足多井平台的运输需求），随之而来的噪声污染和空气污染对周边居民造成烦扰。不过，人们更担心的是水污染（水力压裂液造成包括饮用水在内的地下蓄水层受污染）和空气污染（压裂井通常离居民住宅或学校相当近，井里排放出来的甲烷会成为污染物）。受影响人群非常忧虑自身健康，环保主义者们也为此发起了新一轮的抗议。很多人对石油公司等相关涉事方提起诉讼，而作为预防措施，一些司法辖区（各郡、市、州都包括在内，最突出的是纽约州）完全禁止水力压裂法或临时暂停使用这种方法开采石油。

压裂液 90% 的成分是水，剩下的大部分是沙子，而添加剂（人们已经尝试过数百种材料）通常只占压裂液总量的 0.5%，但它们含有多种化学物质（包括酸性物质、缓蚀剂、凝胶剂、表面活性剂、生物杀灭剂等），这些化学物质会污染饮用水，应谨慎使用。通常情况下，这并不是一个问题，因为水力压裂发生在地下蓄水层下方深处，而且只要完井措施得当，井中的钢材和水泥就能够防止污染物接近地面。但是，考虑到大量压裂井是在短时间内完井的，所以一些饮用水资源被污染也就不足为奇了。饮用水中的甲烷也是因为这样的原因出现，有些居民住宅靠近生产天然气的水力压裂井，因此饮用水中的甲烷含量尤其高。此外，用于压裂的水只有少量返回地表，但这些水又不能无限循环使用（因盐浓度过高）。它们必须注入到深水井中，远离蓄水层，从快速水循环系统中移除。水力压裂法还会造成空气污染，包括从地下排放出来的温室气体（二氧化碳和甲烷）和造成区域性影响的氮氧化物（会形成臭氧），并且会让局部地区受到柴油废气、硫化氢以及有毒挥发性碳氢化合物（尤其是苯、甲苯、乙基苯和二甲苯）所产生的颗粒污染物的影响。

这一难题与过去其他诸多环境问题相类似。倘若操作不当，水力压力法所带来的可能就不仅仅是令人不快的后果和短暂的干扰。这些担忧都是有科学依据的，我们不能等闲视之。正因为如此，当我们积累了更多信息，知道水力压裂法对空气和水资源的污染范围时，就可以评估这些问题真正严重到何种程度，从而引入必要的监管措施，并采取更好的操作方法（包括使用更安全的压裂液）和监测流程。与很多问题一样，公众对水力压裂技术的接受程度不仅取决于采取哪些最佳可行措施来最大限度地减少该技术对环境的影响，而且还取决于人们对风险的合理评估。迄今为止，水力压裂技术主要应用于美国国内，人口的长期健康在未来将更多地受到流行性肥胖的影响（如今有三分之二的成年人体重超标或肥胖），而猝死的风险将更多地来自于酒后和吸毒后驾车，因此从这些方面来看，水力压裂技术并不会对人类健康的影响。

海底完井显然比陆地完井更具挑战性。流量控制装置可以放置在浅海的水位线上方，但深海钻探需要开发新的海底生产系统。海底完井（采油树露在周围水面上，或者被遮盖物挡着或埋在海底）与海床上的管汇相连，并与浅海区的电缆和出油管线连接。这些新的完井硬件和技术（包括海底采油树、遥控机器人安装和修理装置）首先出现在墨西哥湾；1961年，墨西哥湾在海水以下16米处安装了第一个潜没式井口。

20世纪60年代出现了近70座海底完井（油井与海底190米深的固定平台相连）以及首批多层完井（多层完井指的是多口钻井与单一生产设施相连）。20世纪70年代，钻探活动增加，首批海底采油树系统被安装在海底表面，同时无潜式安装和维护被首批深海产油区采用，也就是1971年开始运营的北海埃科菲斯克油田的四口油井。北海也是世界第一个浮式采油系统的所在地，阿盖尔油田于1975年在北海建立了这种系统。

随后，该区域的其他油气田以及澳大利亚和巴西近海油气田都采用了类似系统。

海面 450 米以下水域的采油作业不能使用固定的生产平台，而海上石油开采量的不断增加需要更大的生产设施；截至 20 世纪末，这些设施成为有史以来规模最大的移动式人造建筑。20 世纪 70 年代，世界上最高和最重的钻井生产平台是壳牌公司在墨西哥湾建造的"科尼亚克"平台。该平台高 308 米，超过了帝国大厦的高度。1982 年 11 月，斯塔特福约尔德 B 平台从挪威靠近北海的一个建筑码头被拖拽入海。该平台有四根巨大的空心混凝土支柱，底部有储油罐。平台总重量为 80 万吨，是有史以来最重的移动式建筑。

1989 年，壳牌的布尔温克平台成为世界上最高的桩承固定钢结构采油平台。该平台位于 406 米的海面上，重达 7 万吨。1983 年，第一座张力腿平台（简称 TLP）在位于北海的英国哈顿油田建成，它的底部由细长的钢管固定在海面以下 146 米的海床上。1998 年，为雪佛龙和马拉松石油公司开采原油的佩特罗尼乌斯采油平台成为是世界上最高的独立建筑。其整体高度为 610 米，但只有 75 米高出水面。第二年，由壳牌石油勘探与生产公司牵头的多企业联合项目乌尔撒张力腿平台成为世界上最大的同类建筑物，其总排水量约为 8.8 万吨（超过尼米兹级核动力航母）。它在海面以上的高度达 146 米，通过 19 根钢束固定到海面的巨大桩柱上；这些桩柱重达 340 吨，安装在水下 1140 米的海床上（见图 4.2）。但在乌尔萨平台竣工之前，位于大西洋纽芬兰近海的希伯尼亚采油平台堪称重量最大的重力式结构，装满原油和压舱水后它的重量一共能达到 120 万吨。在 21 世纪的第二个十年，新的记录产生了。2010 年，壳牌公司在墨西哥湾建造的浮式钻井采油平台佩尔迪多开始在水下

2450米的深海中作业，通过脐带缆从22口油井采集石油（见图4.2）；2014年，俄罗斯在萨哈林沿海建造的别尔库特钻井平台创造了世界最重建筑物的纪录，其总重量达20万吨，并且能够承受最强烈的地震；2016年，壳牌在墨西哥湾建造的浮式平台斯通斯开始在2900米深的深海中运作，该平台专门用于钻探、储存和卸载原油。

图4.2 位于墨西哥湾的乌尔萨采油平台

对全球所有作业井进行精确统计并不是件容易的事情。已公布的作业井数量通常指所有油井，但总数中应包括相关气井（即一些生产天然气的油井）以及低产井（油价下跌时，首先被关闭的就是低产井）。可靠数据显示，2012年全球共有123万口油井在运营，当年平均日采油量为8600万桶，平均每口油井产油70桶左右。但是，无论从美国国内还是全球范围来看，这个平均值极具误导性。前面已经说过，全球油田规模分布极不均衡（见第二部分），这个规律也适用于个别油井。2012年，全球几乎一半数量的油井位于美国；2014年，美国的油井总数再次超过60万口（1950—2010年，该数量在50万~65万波动），而将近三分之二的油井都是低产井。历史统计数据显示，第二次世界大战后的美国油井平均产量在1972年达到了峰值，平均日产量为18.6桶/井；从20世纪90年代开始，平均日产量降至10桶/井和11桶/井之间。相比之下，欧佩克2015年的平均日产量约为700桶/井，伊朗约为1300桶/井，科威特略高于2000桶/井，沙特阿拉伯则为2900桶/井左右。

投资与回报：美国和中东的石油生产成本

考虑到世界各地地质环境（位置、地层情况、原油质量）和开采方法的巨大差异，寻找和开发油藏的费用以及产油成本（通常称为"采油成本"）必定也千差万别，最便宜和最昂贵的采油作业之间的成本差异超过一个数量级。接下来，我会引用一些具有代表性的金额，以证明不同地区采油成本的惊人差别。可想而知，波斯湾地区超大型油田的采油成本最低，有些油井的产油成本每桶不到50美分。1999年，沙特石油部部长称，沙特全国油田的平均采油成本低于每桶1.50美元；而在2004年，欧佩克的一位前秘书长撰文称，由于原油市场竞争激烈，欧佩克可以以每桶5美元的目标生产和销售原油，以满足全球市场的需求。2005年，已故的莫里斯·阿德尔曼（Morris Adelman）计算出沙特在2005年以后的原油平均开采成本为每桶2.90美元，但他也提醒说，这个成本太高了，因为它包括了相关的天然气开采成本，而由于缺乏足够的数据，天然气开采成本无法单独计算。根据最新估计数据，阿美石油公司的平均采油成本仍然低于每桶5美元。

美国陆地油井的平均钻井和完井成本在2012年达到峰值，随后有所下降。如今，绝大多数油井的钻探和完井成本在500万～700万美元，而钻井和完井之间的成本比大约为1∶2。寻找和开发新油藏的成本差异极大，范围从油砂岩勘探的每桶不到10美分到深海勘探的每桶25美元；而在油田资源最为丰富的中东地区，采油（运营）成本可能只有每桶几美元，但深海油井的生产成本可能在30～35美元。近年来，美国寻找和开发陆地油井的成本通常在每桶20～25美元（海上探油成本几乎翻倍），而生产成本要增加大约为每桶15美元。总体而言，全球探寻油井的成本和采油成本加起来在每桶40美元左右（两种活动的成本几乎各占一半）。据估计，包括埃克森美孚、英国石油、壳牌、雪佛龙在内的最大几家跨国石油公司的勘探成本为每桶1.50～5.50美元，采油成本为每桶12～18美元，税金为每桶3～9美元，总成本为每桶22～25美元。按国别进行保守估计，在2016年，产自北海的英国原油成本最高，为每桶45美元；产自沙特和伊朗的原油成本最低，每桶不到10美元；而产自美国和加拿大的原油，其平均成本为每桶25美元。当然，这些数字背后不可避免地存在着巨大的地区差异。

最后，我们对原油生产的能源成本进行了一些具有代表性的估算。中东发现的超大型和大型油田带来了最高能源投资回报率，某些大型油藏产出的原油所带来的利润比寻找、开发和开采油藏所需能源的累积成本高出数百倍（包括二次开采所需能源）。即使在寻找和开发奥克和福蒂斯这两个位于北海的油田时，前期投入的能源不到3个月就从生产的原油中得到了回报。在油藏丰富的油田，净能比（the net energy ratio）

可超过 0.97 甚至是 0.995。因此，采油的能源成本仅相当于已开采原油能量的 0.5%～3%。在这种情况下，能源投资回报率相当于达到了 33%～200%，但小型油田的能源投资回报率要低得多。对美国全国各地油田进行评估后我们会发现：在 20 世纪 30 年代，用于寻找和开采原油的能源平均投资回报率至少为 100%，70 年代初这个数值约为 25%，近年来保持在 20%～30%。根据这些数据，我们可以做出两个重要结论：第一，中东地区以外石油行业的能源投资回报率无疑经历了长期的衰退。第二，即使是最近史上最低的能源投资回报率也优于许多化石能源和非化石能源替代物所需要的能源成本。

美国、苏联、沙特阿拉伯：轮流坐庄的最大产油国

石油生产的历史进程可以精确追溯到石油工业起步的最初几十年。据准确估计，1850 年，全球原油产量（包括从渗流、油池和人工挖掘的油井采集到的原油）约为 300 吨；到 1880 年，全球原油的总产量已超过 400 万吨；1900 年，原油总产量达到 2250 万吨（其中一半产自俄罗斯，95% 产自巴库地区，950 万吨产自美国）；1900—1920 年，原油的开采量几乎翻两番，达到近 1 亿吨，然后在短短 10 年时间里翻了一番，升至 1936 年的 1.96 亿吨。第二次世界大战前夕，全球原油产量上升到 2.72 亿吨。1950 年，全球原油产量又翻了一番，并在整个 50 年代再次翻倍（1960 年产量为 10.52 亿吨），随后在 1960 年代增加了 2.2 倍，并在 1970 年达到了 23.5 亿吨的产量。1974 年，全球原油产量达到 28.7 亿吨这一历史峰值，随后一年产量下降，但又在 1979 年创下了 32.3 亿吨的历史新高。

欧佩克的第二次涨价最终使市场规律发挥了作用——1983年,石油产量降至27.6亿吨(下降幅度达15%),而且直到1994年,1979年的纪录才被打破。至20世纪末,全球原油产量达到36.1亿吨,到了2015年,全球原有产量达到近44亿吨(见图4.3)。

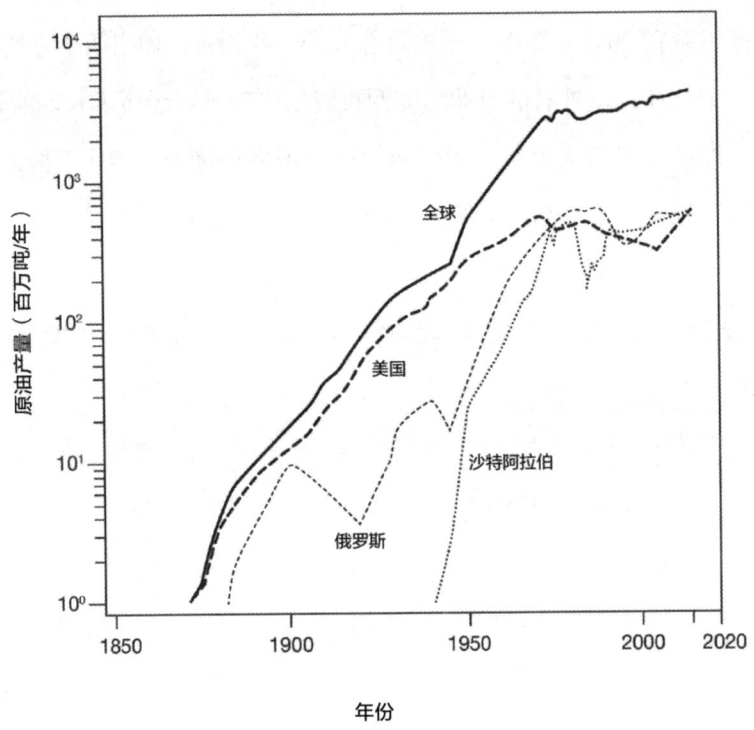

图4.3　1859—2015年全球石油产量

多年来,全球主要产油国排名也有一些显著的变化和更新,有的国家甚至从榜单上消失。1950年,美国是全球最大的原油生产国,苏联虽然排在第二,却远远落后于美国。15年后,美国仍处于领头羊的位置,排在后面的国家分别是苏联、委内瑞拉和科威特;沙特阿拉伯稍微落后于科威特,排在第五;挪威不生产任何原油,而中国每天只开采 20 万桶原油。1975 年，美国将第一把交椅拱手让给苏联；1977 年，美国更是被沙特阿拉伯超过，跌到了第三位。沙特阿拉伯的原油产量在 1980 年达到顶峰（约占苏联总产量的 85%），但在 5 年之内下降了三分之二。苏联一直是世界上最大的石油生产国，直到 1991 年解体为止。随着苏联成员国的开采量下降，沙特阿拉伯于 1992 年成为世界最大产油国，但在 2014 年被美国超越。

尽管沙特原油日产量在 2015 年达到了创纪录的 1200 多万桶，但美国的日产量为 1270 万桶，比沙特高 6% 左右。不过，由于沙特产原油总体比美国产原油要重，所以从吨数来看，沙特（5.685 亿吨）反而稍胜美国（5.682 亿吨）一筹，或者说两者不相伯仲。俄罗斯以日产量 1098 万桶排第三位，排在第四到第十位的国家分别是加拿大（日产 438.5 万桶）、中国（日产 430.9 万桶）、伊朗（日产 392 万桶）、阿拉伯联合酋长国（日产 390.2 万桶）、科威特（日产 309.6 万桶）、委内瑞拉（日产 262.8 万桶）和巴西（日产 252.7 万桶）。美国仍然是累计开采量最大的国家，从 1859 年至 2015 年，它共开采了将近 2250 亿桶原油。

美国的产油量得益于得克萨斯州东部的油田（自 1931 年开始产油）和位于阿拉斯加州的普鲁德霍湾油田（自 1977 年开始产油）这两个超大型油田，以及加州的两个大型油田，即威尔明顿油田（自 1932 年开始产油）和中途日落油田（自 1901 年开始产油）。俄罗斯的累计原油产量位居世界第二。截至 2005 年，俄罗斯的累计原油产量约为 1780 亿桶，而排在第三的沙特阿拉伯累计原油产量约为 1500 亿桶。原油的大规模生产涉及许多琐碎的数字，但这些数字具有启迪作用，我只举其中三个例子：2015 年，全球原油日开采量几乎达到9200万桶，超过了瑞士、以色列或葡萄牙的年原油需求量；2017年，美国和沙特阿拉伯的原油产量在两周内就超过了1900年的全球原油总产量；而加瓦尔油田的产量超过了世界第三大经济体日本的年原油消耗量。

第9章
运输中的秘密：原油交易量如何跃居全球第一？

特殊"通道"——输油管网络

原油的陆地长途运输最初是把石油装在木桶里，再依靠马车运送，这种方法成本高昂。短途运输依靠木制管道，第一条木制输油管道于1865年建在宾夕法尼亚州，但这种管道容易漏油。

1878年，第一条大型铸铁管道（直径15厘米）从宾夕法尼亚州的布拉德福德延伸到威廉姆斯波特，一年后又延伸至新泽西州的巴约讷，这使该输油线路也被称为"潮水"运输线。输油管道扩张时期恰逢廉价钢铁面世。廉价钢铁炼制工艺先后经历了贝塞默转炉法和平炉法，有着很高的抗张强度，性能优于铸铁。无缝钢管穿孔轧制工艺的发明最终为原油管道输送的大规模扩张开辟了道路。

1885年，莱因哈德·曼内斯曼和马克斯·曼内斯曼兄弟在他们父亲建于雷姆沙伊德市的工厂里发明了无缝钢管。几年后，他们推出了周期式轧管工艺，既缩短了管径，又增加了管壁厚度和钢管长度。这两种技术结合在一起，被统称为"曼内斯曼工艺"。

1906年，美国国会通过了《赫伯恩法案》(Hepburn Act)，该法案是美国原油管道早期发展史上的首部政府法案，可能也是最重要的非技术性创新。《赫伯恩法案》把所有州际输油管道变成了公共资源，确保所有客户能以同等成本使用这些管道。两次世界大战之间，美国是全球唯一一个输油管道网络日益密集的主要经济体。20世纪30年代，首批运输成品油的管道面世；而在第二次世界大战期间，这些管道网络得到了极大扩张，新建的大直径管道将原油和成品油从得克萨斯州和俄克拉荷马州运往美国东北部，那里是原油和成品油的最大消费市场。

目前，美国约三分之二的液体燃料运输都要依靠输油管道。再加上成品油运输，管道总运输量是美国原油总消耗量的两倍多。得克萨斯州至路易斯安那州海岸沿线、俄克拉荷马州的库欣、芝加哥、纽约和洛杉矶都是美国重要的原油和成品油运输中枢。

2013年，美国的液体燃料运输管道长度达30.7万千米，其中将近32%是得克萨斯州、俄克拉荷马州和路易斯安那州的原油管网。美国最著名的输油管道是阿拉斯加输油管系统（简称TAPS）。该系统建于1975—1977年，目的是将原油（最初日产量为120万桶）从超大型油田普鲁德霍湾油田运往阿拉斯加南部海岸的不冻港瓦尔迪兹港。尽管这条长1280千米、直径120厘米的管道没有打破长度或管径纪录，但它的整个路线几乎横跨永久冻土地带，而且管道必须建在地表高架上并加热到60°C才能使用。随着美国原油产量上升，管道网络也持续扩张。2003—2013年这10年间，美国原油输送管道总长增加了近25%；而为了适应页岩油开采的持续扩张，更多管道正在建设当中。

俄罗斯的输油管道建设历史与美国一样悠久，且成就可与美国媲美。1878年，俄罗斯建成了从巴库油田到诺贝尔炼油厂的第一条输油管道；1896年，俄罗斯人开始建造长距离成品油输送管道，将煤油从里海的巴库油田输送到黑海的巴统。这也是世界首批长距离输油管道之一，其长度达835千米，于1906年完工。但是，输油管道干线的大规模扩张在第二次世界大战之后才真正开始，因为俄罗斯国土幅员辽阔，而新发现的油田都集中在远离其主要原油消费中心的地区，也就是远离俄罗斯靠近欧洲的部分，所以长距离管道建设势在必行。到1950年，苏联拥有大约5400千米的输油管道，而到苏联解体时，其长度已达到94000千米。由于苏联的领土是美国的两倍多，所以美国依旧是世界输油管道网络最稠密的国家，但就管径和长度而言，苏联却超过了美国，成为拥有最长大管径输油管道的国家。

1957年，长3662千米、从图伊马济延伸到伊尔库茨克的跨西伯利亚输油管道开始建造，1964年，该管道完工。1959年，俄罗斯决定建造德鲁日巴分支干线管道，通过北部支线为东德供油（管道途经波兰），通过南部支线为匈牙利和捷克斯洛伐克供油。该管道全长6000多千米，绝大部分管道直径为102厘米。后来这一管道继续延长，总长度达到8000千米左右。1973年，乌斯季-巴利克-库尔干-阿尔梅季耶夫斯克输油管道开始施工，总长度为2120千米，管径达122厘米，每年可从西西伯利亚萨摩特洛尔超大型油田向俄罗斯西部地区输送9000万吨原油。在俄罗斯西部，新管道与年份较长的旧管道相连，把西西伯利亚原油一路输送到中欧和西欧市场。

1960年后，欧洲迅速从使用煤炭向使用进口原油转变，许多新的输油管道开工建设；而石油在北海被发现之后，新建的海底管道开始将燃料输送到英国、挪威和丹麦。原油出口激增促使一些主要产油国（尤其是沙特阿拉伯和伊朗）上马大规模输油管道项目。而中国也发现了新的大型油田，需要建设该国首条长距离输油管道。2009年，从哈萨克斯坦城市阿特劳至中国新疆的一条输油管道竣工，其总长度为2229千米，每年可输送2000万吨原油。2006—2012年，一条连接东西伯利亚和太平洋的输油管道（有一条支线管道通往中国）建设完工，这条管道总长4857千米，从伊尔库茨克州的泰舍特延伸到濒临太平洋的纳霍德卡市附近的科兹米诺港。

最廉价的运输方式

管道之所以成为长距离原油输送的优先选择，首先是出于物流和运输成本的考虑。假如用油罐车取代一条长度为1000千米的管道，每天运送2万吨原油（假设每辆油罐车可承载25吨油，每天行驶1000千米），则每54秒钟就需要1600辆油罐车抵达目的地。陆路运输成本不可能低于管道运输，而只有大规模的水路运输，也就是借助大型内河驳船和远洋油轮，人们才可以降低原油运输成本。但是，管道输送原油具有无与伦比的可靠性和安全性，因此对环境的影响最小。管道还相当结实（直径1米的管道每年可输送5000万吨原油），而且钢这一制作管道的材料相对便宜。输油管道外径一般在60~140厘米，而管段的长度通常在18~22米。

管道起始端以及每隔30~160千米处（距离长短取决于管道穿越的地形和地域）安装有电动马达、柴油发动机或燃涡轮机，为离心泵提供动力，驱使原油穿过管道。原油在管道中的移动速度通常为每小时5~12千米（因此，原油从得克萨斯州的休斯顿被输送到纽约，可能需要3个星期的时间），而输油管道通常是全年不间断运作的，只会因定期维修而短暂关停。人们在输送原油以及不同类别或等级的成品油之前，必须提前做好计划。若两种差异极大的产品（如汽油和柴油）混合输送，它们在到达目的地时必须重新加工。不同批次产品之间可以用"管道猪"进行隔离。"管道猪"是一种聚氨酯塞头，在管道内被输送的液体会推动着它前进。其他种类的"管道猪"（带摩擦涂层）可用来清洁管道内壁的残余物。20世纪60年代，智能"管道猪"面世，它使得数据可存储在其自带的计算机上，或通过遥测装置传递出去。智能"管道猪"用于检查管道的完整性并监测管道是否存在泄漏情况。

就陆路运输原油和石油产品而言，管道运输的成本是最低的。举个例子，一桶原油从加拿大的艾伯塔省运到美国的得克萨斯州，管道运输成本只需3.80～4.50美元，铁路运输则需要11～17美元。从绝对值来看，管道运输石油的能源成本也相对较低。再加上管道使用寿命很长，我们若把管道在寿命期内所输送的能源总量考虑在内，则运输能源成本就更低了。钢是输油管道的主要建造材料。每建造长1千米、直径60厘米的输油管道，钢的生产成本相当于85吨原油的价格，而建造成本相当于35吨原油的价格，也就是总成本相当于120吨原油的价格。若折算成管道输送的原油能量，则用钢材建造管道所消耗的能量相当于输油管道在（至少）4年时间里所输送的原油能量总和的0.1%不到。

超级油轮的演变之旅

早期的原油水运模式与其陆运模式一样原始。世界第一艘原油运输船是"伊莉莎白·瓦茨号"双桅横帆船。1861年，"伊丽莎白·瓦茨号"

从费城驶往伦敦，船上装载的 200 吨原油以小桶储存。19 世纪 60 年代和 70 年代，带内置铁储油罐（这种储油罐常常漏油）的小型运油船问世，但第一艘真正的油轮（船体内含 8 个储油隔舱，总载重量为 2300 吨）是在纽卡斯尔建造的德国"格留考夫号"。该油轮于 1884 年下水，并于 1893 年在长岛附近搁浅。从那以后，油轮的载重量和尺寸并没有太大改进。第一次世界大战爆发之前，石油市场的规模有限，大型油轮无用武之地。当时的船舶和火车以煤炭为燃料，汽车保有量只在美国开始增长，而且商业航班还没有出现。

到 1921 年，最大的油船重量达到了 2 万载重吨以上。20 世纪 20 年代，油轮的内部框架得到改进，能够在油轮重量减轻的情况下变得更加坚固，同时油泵和管道质量也有所提升，但船身尺寸仍然很小。20 世纪 30 年代末，油轮的运载量很少超过 1 万载重吨。第二次世界大战后，油轮载重量才开始快速增长。战争结束后，军方不再需要此前批量生产的 T-2 型油轮（1.6 万载重吨），同时更多的"自由级"轮船（载重量也是 1.6 万吨）被改装成油轮。1946 年，希腊船主购买了 100 艘"自由级"轮船，这些船成为该国随后称霸世界航运业的基础。

第二次世界大战后，欧洲和日本对原油的需求量迅速增长，极大地刺激了大型油轮的发展。不到十年时间，油轮的尺寸开始翻倍，超级油轮的准入门槛从 20 世纪 50 年代中期前的 5 万载重吨变成 10 万载重吨，然后又增加到 20 万载重吨。

"苏伊士型"油轮（Suezmax）的载重量可达 20 万吨，在 2009 年加深后，它的最大吃水深度为 20.1 米。这种油轮可以通过苏伊士运河，缩短中东和欧洲之间的航程。尤其当它们在红海沿岸的沙特延布港装油时，走这条线路更加有利。但是，当这些油轮要绕过非洲额外航行一段距离，或者要在波斯湾与日本、韩国和中国之间进行长途运输时，它们的运输总体成本和普通油轮相比几乎没什么变化。"苏伊士型"油轮使用廉价柴油作为动力，增加的成本微不足道，况且用超级油轮运输原油，一升汽油的零售成本只增加 0.5 美分左右。有些油轮在其货舱内装有蒸汽加热盘管，使重质原油、高含蜡原油或深度精炼成品油的温度保持在倾点之上。

世界最大的油轮

1959 年，"宇宙阿波罗号"成为第一艘载重量达 10 万吨的油轮。1966 年，石川岛播磨重工业株式会社制造的 15 万载重吨的"东京丸"油轮下水；同年晚些时候，21 万载重吨的"出光丸"下水。

到 1973 年，共有 350 多艘大型或超大型原油运输船（载重能力超过 30 万吨）下水，而且还有 100 万载重吨的油轮即将完工。这些油轮的尺寸都比不上 1975 年建造的"海上巨人号"。该油轮在 3 年后进行了扩建，载重量达 564763 吨，长度将近 459 米。

这艘世界最大油轮在 1988 年的两伊战争中被击中，修复后重新下水，在 1991—2004 年期间改名为"亚勒·维京号"。后来，它又改名为"诺克·耐维斯号"，停靠在卡塔尔的沙欣油田，作为浮动储油和卸油装置，一直服役到 2009 年。之后，它被卖给印度的一家船舶拆卸公司，并更名为"蒙特号"。它的最后一趟旅程是前往位于古吉拉特邦的阿朗拆船厂，在那里，油轮搁浅在沙滩上，工人们费力地将其拆除。

超级油轮数量停止增长并不是因为无法克服的技术难题，也不是因为成本过高（成规模的经济体的体量在迅速下降，但造船活动仍在继续），而是出于经营考虑（见图 4.4）。

图 4.4 "岩手山"是一艘由三井工程造船公司于 2003 年建造的 30 万吨双壳体巨型油轮

大型油船（英文简写为 VLCC，载重量在 24 万~35 万吨）和超大型油轮（英文简写为 ULCC，载重量在 35 万~50 万吨）只能在少数深水港停靠，或者必须停靠在特殊的浮动码头，通过输油管道将原油输送到陆地储藏地点和炼油厂（而在浮动码头和输油管道到位之前，它们只能将原油卸到较小的船只上）。

少数停靠港使超大型油轮无法灵活使用，而由于吃水较深，超级油轮还必须在近岸水域或航道中严格按限定航线行驶，而且转向和停船都需要很长距离。有一个例子是，一艘载重量为 25 万吨的典型油轮（长 350 米以上，宽 60 米，吃水深度 25 米，平均速度约为 12 节）需要航行超过 3 千米或 14 分钟才能完全停止下来，而其转弯直径为 1.8 千米。

油轮运输的能源成本也同样微不足道。假设用油轮从瓦尔迪兹向加州长滩运送阿拉斯加产的石油，这 3800 千米路程消耗的能源仅相当于它所载石油的 0.5%，而一艘 30 万吨载重量的超级油轮只需要相当于它所载石油的 1% 作为燃料，就可以从沙特的拉斯坦努拉港（世界最大的原油装载码头，位于波斯湾沿岸）出发，行驶 15000 多千米，抵达美国东海岸。但由于美国原油进口量下降，这种情形变得不那么常见（即使在原油进口的高峰期，美国最大的原油供应国仍是它的紧邻加拿大、墨西哥、委内瑞拉和非洲）。

然而，从波斯湾到欧洲这条路线（取道苏伊士运河或绕过好望角，历时 40 天）仍和以往一样繁忙，而自从中国从原油净出口国（1994 年之前）转变为世界第三大原油进口国（到 2009 年超过了日本）以来，波斯湾到东亚的原油运输量已经增加了好几倍，仅次于欧盟和美国。

通往东亚的路线要经过世界上两个最臭名昭著的咽喉要道——伊朗和阿曼之间的霍尔木兹海峡和马来西亚与新加坡之间的马六甲海峡。目前，全球三分之一以上的石油出口都要通过霍尔木兹海峡，而该海峡最窄处的航道宽度只有 3 千米多一点。世界第三大（中国）、第五大（日本）和第六大（韩国）原油进口国的绝大多数货物都要通过马六甲海峡，而新加坡海峡中的菲利普航道是马六甲海峡中最窄的水道，其宽度不足 3 千米。

其他有可能发生船只碰撞、人为破坏或恐怖袭击活动的著名咽喉要道包括土耳其海峡、曼德海峡、卡特加特海峡、斯卡格拉克海峡以及苏伊士运河和巴拿马运河。土耳其海峡包括博斯普鲁斯海峡和达达尼尔海峡，所有从黑海到地中海的油轮都要经过该海峡；曼德海峡位于吉布提和也门之间，连接着阿拉伯海和红海；卡特加特海峡和斯卡格拉克海峡位于丹麦和瑞典之间，连接着波罗的海和大西洋；苏伊士运河和阿拉伯输油管公司的管道每天要通过500万桶原油，而巴拿马运河的原油运输量每天不到100万桶。

最后，我们要对比一些数字，从几个有启发意义的角度来揭示油轮和输油管道是如何促成全球原油和成品油贸易的。在2015年，全球45%的已开采原油（接近20亿吨）被销往国外，欧佩克国家占出口原油总数的57%左右，而几乎所有的出口原油都是用油轮运输的。

由于价格较低（欧佩克一揽子原油参考价格仅为每桶50美元），因此2016年全球原油出口总额仅为1万亿美元，不到全球商品贸易额的5%。在这之前的几年，该比例还比较高，比如2013年的全球原油贸易额达到近1.6万亿美元，而2005年的全球原油贸易额为1.4万亿美元。此外，在2016年，全球成品油出口量约为11亿吨，美国的成品油占全球总量的15%左右，遥遥领先，紧随其后的分别是俄罗斯和荷兰、新加坡以及韩国这3个具有强大精炼能力的国家。

虽然全球有近50个国家出口原油，近150个国家进口原油（或购买成品油），但石油贸易的买家和卖家一直都是高度集中的。世界主要原油出口国是沙特阿拉伯（约占全球出口总额的18%）、俄罗斯（约占13%）、伊拉克、阿拉伯联合酋长国、加拿大和尼日利亚。2016年，欧盟成为全球最大的原油买家（约占原油贸易总量的24%），其次是美国（约占19%）、中国、印度和日本。欧盟也是全球最大的成品油买家，而美国在成品油进口方面呈现不断增长之势。

关于全球原油贸易,我要指出最后一个很少被人提及的事实:迄今为止,原油是全球交易量最大的单一大宗商品。2016 年,原油出口量超过 20 亿吨,相比之下,煤炭出口量为 14 亿吨,铁矿石出口量几乎与煤炭相同,而天然气出口量为 8 亿多吨。

第10章
石油"炼金术"

原油精炼发展史

有些原油品种可以直接放到锅炉中燃烧,而一些产油国也仍用原油发电,这部分原油占全球总产量的1%不到。精炼其实就是对原油进行增值处理的过程,涉及4种基本的物理和化学工艺。

蒸馏(即分馏)工艺首先将原油在常压下加热,然后再将原油放入真空蒸馏塔中蒸馏,从而分离出单独的馏分,也就是含有较多同质成分的燃料。轻质馏分的产量通过异构化作用、催化重整、烷基化反应和聚合反应得以提升;重质馏分则要通过热裂解和催化裂化作用产生。随后,人们还要采用多种工艺去除多余的微量化合物,制造符合环保标准的终端产品,并将其运往特定市场。接下来,我将简要回顾原油精炼工艺的发展史,并描述现代大型炼油厂通常是如何对原油进行加工的,从而阐明原油精炼工艺的要点。

所有早期炼油厂都依靠简单的热蒸馏法,使用高压蒸汽产生的热量分离出原油的主要馏分。因此,如果某种原油只含有一小部分轻馏分,则其热精炼过程中产生的主要是中油或重油。直到19世纪90年代,终端市场开始对由煤油和润滑油为主的精炼产品产生需求，热蒸馏法的问题才凸显出来。随着汽车保有量的不断增长，市场对汽油和柴油的需求迅速增加，热蒸馏法无法带来令人满意的效果，因为正如前面所述，绝大多数原油并不富含轻质馏分，对占据全球市场主导地位的中油和重油进行直接热蒸馏后，只产生10%~15%的轻质馏分。所以，全球汽车业和航空业将受到原油质量的制约。炼油行业需要一种可以分解中油和重油从而产生较轻化合物的工艺，而解决方案就是采用催化裂化法。

提取轻馏分油的解决方案

1913年，从较重原油中生产较轻馏分的工艺出现了第一次突破。当时，威廉·M.伯顿（William M. Burton）申请了原油热裂化专利。伯顿的热裂化工艺借助高温和高压把较重的碳氢化合物分解成较轻的馏分。一年后，阿尔默·M.麦卡菲（Almer M.McAfee）首次为催化裂化工艺申请了专利，该工艺于1923年投入商业使用。催化裂化的原理是这样的：把氯化铝放入原油中加热，氯化铝能够将长链烃分子分解成分子链更短、更易挥发的化合物。

相比于热裂化法，催化裂化法的汽油生产率高达15%，但由于催化剂相对昂贵，且无法回收和再利用，所以，效率较低但使用起来更简单也更便宜的热裂化法一直在生产较轻馏分的工艺中占据主导地位。1936年，位于宾夕法尼亚州马库斯胡克（Marcus Hook）的太阳石油公司炼油厂安装了第一台由尤金·霍德里（Eugene Houdry）设计的催化裂化装置，以生产高辛烷值汽油，催化裂化法从此开始大行其道。

霍德里的固定床催化裂化工艺可以回收催化剂，但在回收硅酸铝催化化合物时，需要暂时停止精炼作业。不久之后，沃伦·K.刘易斯（Warren K. Lewis）和埃德温·吉利兰（Edwin Gilliland）用一种更高效的移动床装置取代了霍德里的固定催化剂，使催化剂在反应容器和再生容器之间不断循环。移动床裂化催化法使汽油产量提高了15%；到1942年，在美国为参加第二次世界大战而生产的所有航空燃料当中，90%都是使用这种工艺制造的。1940年，标准石油公司的4名化学家发明了粉状催化剂，这种催化剂会悬浮在气流中，做流体运动。随着粉状催化剂的发明，汽油产量也进一步攀升。

流化床催化裂化法（英文简写FCC）的原理是在高温（540°C）条件下，促使原油在不到4秒的时间内发生催化裂化反应。从1960年开始，流化床催化裂化法又加入了合成沸石，其工艺得到了进一步改进。沸石是一种具有均匀孔洞结构的晶态铝硅酸盐催化剂，活性高，稳定性好，使汽油产量提高了15%。

原油精炼技术的最近一次重大改进发生在20世纪50年代。当时联合石油公司发明了用碳氢化合物进行裂化的工艺（该工艺的专利名称叫做"加氢裂化"）。加氢裂化的原理是这样的：在温度高于350°C的条件下，用相对较高的压力（通常是10～17兆帕）加入碳氢化合物，从而实现催化反应。大孔沸石和重金属（铂、钨或镍）被用作双功能（裂化和加氢）催化剂。该工艺的主要优点是汽油产量高，而甲烷和乙烷这两种质量最轻、用途最小的烷烃产品产量则较低。

现代石油精炼流程需要对一系列复杂的顺序和反馈操作进行安排和优化,从而将原油转化为最有价值的特定产品组合(见图 4.5)。

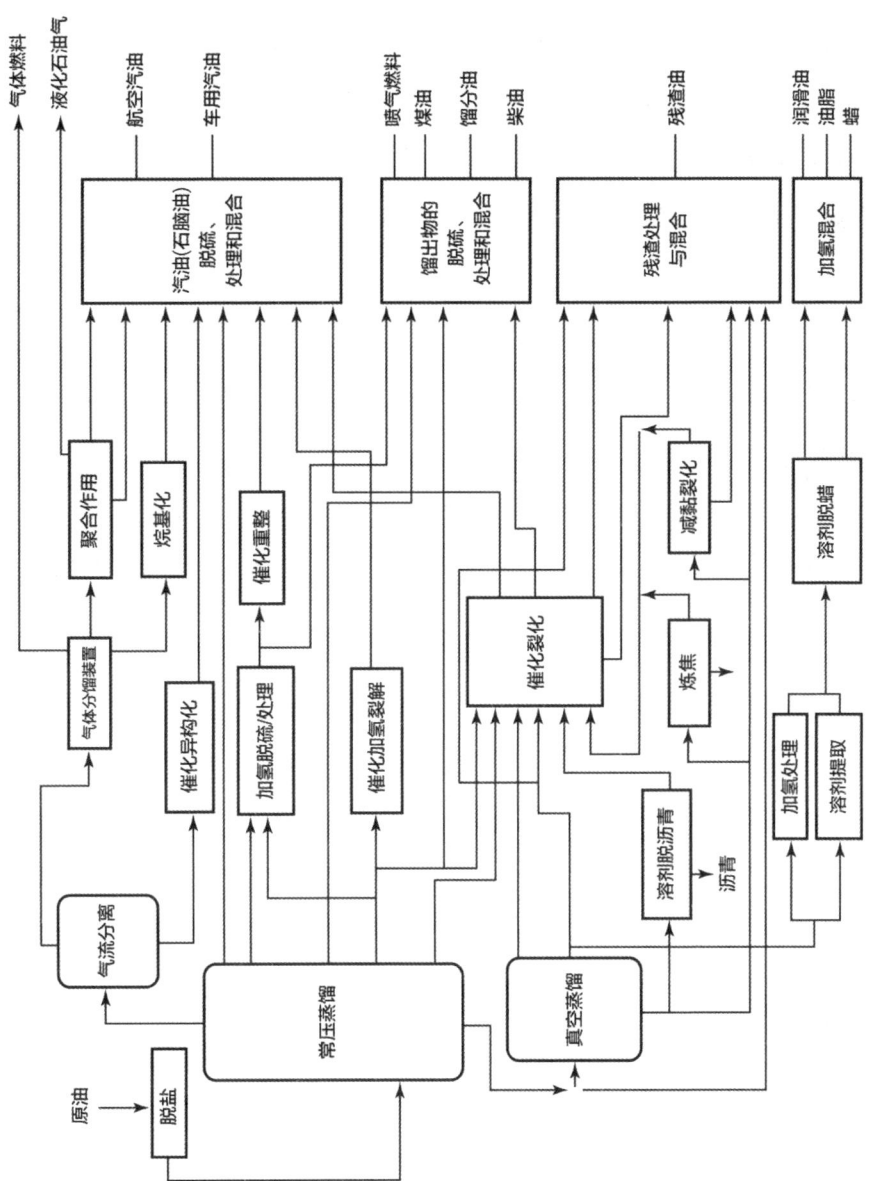

图 4.5 现代炼油厂的产品制造流程简化图

首先，原油要做脱盐处理，不仅要去除无机盐（无机盐会腐蚀炼油管道、设备和换热器），还要去除悬浮物和微量水溶性金属。经过脱盐和脱水之后，原油要进行加热，并放入常压蒸馏装置。在这个塔式装置中，不同的沸点将原油分离成主要馏分，包括气体、直馏汽油、轻质石脑油、重质石脑油、煤油和常压瓦斯油；而瓦斯油（轻质）包括沸点在0℃以下的烷烃（从甲烷到丁烷）。甲烷（沸点为 -161℃）和乙烷是两种最轻的石油气体，它们被输送到管道中或直接燃烧，产生的能量可供炼油厂运转。

原油加工后，分离出的液化石油气（主要由丙烷和丁烷组成）可以被当作化工原料或作为家用和工业燃料出售，用于空间加热、生产过程加热和烹饪。

轻质（直馏）石脑油（含5~7个碳原子的化合物）会在27~93℃的温度下沸腾，而重质石脑油（含6~10个碳原子）会在93~177℃的温度下沸腾。煤油是烷烃和芳烃的混合物，含10~14个碳原子，在175~325℃分离。轻质瓦斯油（即柴油）含有带14~18个碳原子的烷烃，在204~343℃沸腾，是从常压蒸馏装置中分馏出来的最重馏分，除了作为第二重要的道路运输燃料，它还被用作取暖油和化学原料。

从常压蒸馏装置流出来的液体首先会流入加氢器，被加热到430℃的最高温，与氢气相混合，然后流经钴或钼催化剂；氢的催化反应去除了大部以硫化氢和氨等形式存在于液体中的硫和氮。

脱硫后的重质石脑油流入催化重整装置，生产出高辛烷值混合物；混合物经过芳香抽提和调合，形成大量汽油。具有低沸点的直链烷烃通过催化异构反应，转化为支链化合物。石脑油的支链烃和芳香烃含量还随着环烷的重整而增加，而环烷重整是通过催化脱氢和异构反应来实现的。来自常压蒸馏装置的瓦斯油在流体催化裂化器中转化成较轻的馏分。大约三分之一来自常压蒸馏装置的馏出物被送入压力较低的真空蒸馏装置，后者通过降低较重馏分的沸点促使其分离出来。

真空（重质）瓦斯油沸点范围为 315 ~ 565°C，主要成分是长链烷烃（16 ~ 40 个碳原子）、环烷烃和芳烃。瓦斯油从常压蒸馏装置和真空蒸馏装置生产出来后，在液体催化裂化器或加氢裂化器中转化成较轻的馏分（主要是高辛烷值汽油和柴油）。在炼油厂储油装置底部，降黏剂降低了残余重馏分的黏度，接着焦化物（超过 500°C 的极高温热裂化产物）被用来制造更多的加氢裂化原料，润滑油被送去进行深加工，而重质燃料油（主要是沸点在 600°C 以上的多环化合物）则被人们用热风吹制成沥青。

加氢、重整、异构化、烷基化、裂化、加氢裂化等各种用来改变原油成分的工艺使炼油厂更具灵活性，能够在经济限度范围内调整终端产品比例。过去，优质的（轻质）原油经过常压馏分后，分解物的比例通常为 30% 以下的轻质石脑油和重质石脑油，10% 左右的煤油，15% 的瓦斯油和 45% 的残渣；而相比之下，现代炼油厂可以将残渣比例减少到 20%，并将汽油的比例提高到总产量的一半左右。终端产品比例的调整能够满足特定的国家和区域的需求。美国的乘用车保有量庞大，如今它的原油精炼产品几乎有一半是车用汽油（2015 年，车用汽油占成品油的 46%），约 30% 为馏分油（以超低硫柴油为主）。相比于美国，2015 年，日本汽油产量只占其炼油厂总产量的 28%，但重油和柴油（用于工业和航运）占 35%。随着时间的推移，成品油比例的重大变化体现在市场需求中。自 1945 年以来，汽油在美国炼油厂产量中所占的份额大致不变（约45%），但重油比例却从20%下降到5%以下，而煤油比例从不到1%上升到10%左右。对最重要的几种炼油产品进行深入研究后，我们便能清楚地看出它们的特质和特点。

2015年，全球汽油年产量为10亿吨。从价格来看，汽油是世界上最重要的精炼产品；而按量（或按体积）来计算，天然气和柴油（2015年的产量约为13亿吨）在全球、欧盟、日本和中国的重要性大于汽油，但在美国和加拿大却不是这样。直馏石脑油、重整石脑油以及经过加氢裂化、流化床催化裂化、异构化和烷基化的流体可以混合在一起。典型的汽油含有大约15%的直链烷烃（$C_4 \sim C_8$）、25%的支链烷烃（$C_5 \sim C_{10}$）和25%的烷基苯（$C_6 \sim C_9$）。所有汽油品种都具有高挥发性和易燃的特点，而新的环保法规要求汽油的硫含量必须非常低（浓度不超过百万分之五十）。它们都需要添加剂来提高自身的转化效率，并防止氧化和生锈。所有早期内燃机上使用的汽油效率都非常低，这是因为奥托发明的内燃机存在固有的"敲缸"问题。

汽油添加剂为何必要？

在内燃机中，压缩燃料和空气的混合物是通过汽缸顶部的火花点燃的。不到半毫秒时间，被点燃的火焰就会开始向下蔓延，但在高压和高温的作用下，未点燃的燃料和空气混合物会自燃，产生与不断扩散的火焰方向相反的压力波，形成一种特有的、剧烈的发动机撞击声。庚烷特别容易发生这种由压缩燃料和空气引起的自燃，而辛烷具有防自燃的作用。延迟点火可以减少敲缸现象，但避免敲缸的唯一方法就是在低压缩比的情况下操作发动机，从而降低发动机效率。在早期内燃机中，该比率保持在 4.3∶1 以下，这不可避免地限制了发动机的效率，并引起人们对第一次世界大战后原油供应是否充足的担忧。通用汽车公司成立了一个由查尔斯·F. 凯特林（Charles F. Kettering）领导的小组，专门研究此问题的补救方案。专家组认定乙醇是一种有效的防敲缸成分，人们通过加大汽油中的庚烷比例，可以有效减少敲缸现象的发生。

但是，大规模生产乙醇的成本高得惊人，而唯一已知的乙醇替代品溴和碘的生产成本更高，这促使通用汽车公司开始寻找新的廉价替代品。托马斯·米德格利（Thomas Midgley）领导的一个小组首次对四乙基铅进行了一些试验，试验结果充满了希望。1921 年，该小组确认四乙基铅是一种高效的抗震剂，即使其浓度极低，只有燃料体积的千分之一，也能有效防止敲缸。第一批含铅汽油于 1923 年 2 月上市，它的使用使内燃机的压缩比达到了更高的 5∶1，并最终达到如今的 8∶1～10.5∶1。含铅汽油不仅极大节省了公路运输的燃料消耗，还催生了动力更强大（从而让机器速度变得更快）且更可靠的航空发动机。然而，如前所述，几十年来人们大量消耗含铅汽油，导致城市的铅污染已经达到了十分危险的水平。1974 年，美国开始淘汰汽油添加剂，并于 1996 年 1 月 1 日禁止使用添加剂。到了 2000 年，包括欧盟、中国和印度在内的世界上绝大多数主要汽油消费国都停止使用含铅燃料。截至 2016 年，只有阿尔及利亚、伊拉克和也门继续使用含铅汽油。

柴油机燃料由常压蒸馏所得的馏分以及加氢裂化、催化裂化、减黏裂化和炼焦所产生的馏分混合而成，它在各种燃料中的重要性通常排在第二位。柴油比汽油重（柴油密度为 0.83～0.85 克/毫升，而汽油密度为 0.73～0.75 克/毫升）；密度最轻的一种柴油（美国的 1 号柴油）分子链有 9～16 个碳原子，而密度较重的柴油（2 号柴油）有 10～20 个碳原子。

自 1993 年以来，在美国销售的低硫柴油硫含量仍然相当高（浓度达百万分之五百），但从 2006 年开始使用的新款超低硫柴油的硫含量不超过百万分之十五，可以兼容于使用催化剂的排放控制装置（柴油微粒过滤器和氮氧化物吸收器）。自 2009 年以来，欧盟出台了更严格的限制规定，要求柴油的硫含量不超过百万分之十。与标准柴油相比，这种污染较少的燃料内能较低，燃油经济性也较低。由于压缩比较高，柴油发动机效率高于汽油发动机，而且两者之间的差距曾达到 30%，但随着更高效的汽油发动机面世，这方面的差距一直在缩小。除了乘用车、卡车、越野车和轮船以外，柴油也被用来在高峰用电时段发电，但由于天然气的普及，柴油家用取暖市场的销售量有所下降。

煤油是原油蒸馏出来的第二轻馏分（C_{11}～C_{13}）。与汽油一样，煤油是一种无色易燃液体，在 150～275°C 环境下从原油中分离出来。在许多现代化国家，煤油仍然用于照明和烹饪（印度是主要的煤油消费国家），而且美国和欧洲仍然在用煤油进行季节性取暖（主要放在便携式煤油加热器中）。

尽管如此，煤油的最重要用途仍然是为安装在商用和军用飞机机翼或机身上的喷气式发动机（燃气涡轮）提供动力。煤油是一种比汽油更优质的航空燃料，因为煤油密度比汽油高（煤油密度为 0.81 克/升，汽油密度为 0.73 克/升），所以其能量密度比汽油高约 13%（煤油能量密度为 35.1 兆焦/升，汽油能量密度为 31.0 兆焦/升）。飞机的机翼和机身空间显然有限，因此考虑到这点，能量密度就变得至关重要。此外，煤油也比汽油便宜,而且由于挥发性较低,它在高空的蒸发损失较小,在加油和地面储存时起火的风险也较低。煤油这一属性使飞机坠毁时不会发生大火,飞行员的生存几率也因此提高了一些。

很多馏分油和原油提炼后的残余液体都被称为"燃料油",但它们的性质差别很大,分类也很混乱。燃料油通常分为6类。1号燃料油本质上是直馏煤油,而2号燃料油与柴油相对应(只不过往柴油里加了添加剂),可以被人用于室内取暖;轻质燃料油、蒸馏燃料油和天然气都是2号油的同义词。

4号油是大功率船用柴油机中最常用的一种燃料,含15%的渣油,因此不像车用柴油(即2号燃料油)那样容易挥发。水路运输行业使用的燃料油通常被称为"船用燃油"。统计数据显示,2015年全球船用燃油的销售量约为1.7亿吨,其中销量最高的国家是新加坡(4000多万吨),紧随其后的分别是美国、韩国和中国。两种最重的燃料油(5号油和6号油)通常被称为"渣油"或"重燃料油"。

6号油曾经是煤炭发电中最常见的煤炭替代品,但由于硫含量太高,最终被天然气和脱硫煤取代。不过,以煤炭作为燃料的发电厂要使用重燃料油来启动锅炉,这一点与烧木柴要用引火物同理。

渣油不能用作燃料,但它有着重要的非燃料用途。2015年,美国炼油厂将2%的原油转化为沥青和筑路油,将1%的原油转化为润滑油,将不到0.1%的原油转化为蜡,这些产品都是非燃料产品。此外,炼油厂提炼的原油中只有略高于5%的原油变成了石油焦炭。沥青的化学成分甚至比渣油更复杂,而这些热塑性材料具有加热时变软、冷却时变硬的独特性质,因而成为建筑界最普遍采用的材料之一。人们要么通过直馏制造沥青,要么通过向液态热沥青吹气得到沥青(这种沥青黏性较高)。

原油还可以转化成包括聚丁二烯在内的聚合物（比如橡胶粉）。

消费量最大的国家炼油最多

迄今为止，炼油是整个液体燃料生产过程中能耗最大的。有数据表明，美国的炼油厂平均消耗大约 10% 的已加工原油能量，这些能耗主要包括热蒸汽、电和燃气。除去非燃料产品（包括润滑油、焦油、沥青）之后，精炼燃料的净能量约为原油能量的 85%～88%。具体研究表明，汽油所含能量是其炼油所耗能源的 6～10 倍。

原油精炼生产出多种极度易燃气体和液体，因此在确定加工和储存设施位置时，人们需要采取安全措施，以防止泄漏并为消防提供便利。炼油厂内各设施的最小间距为 60～75 米，而通常每平方米 2.5 吨原油的生产量意味着大型生产设施（日产量 50 万桶）至少需要占地 1000 公顷。

2017 年，全球 650 多家经营中的炼油厂日产量为 9700 桶。可想而知，液化石油气消费量最大的国家，其炼油产量也最高：美国以 1860 万桶高居第一，中国以 1420 万桶位居第二、俄罗斯以 640 万桶位居第三，而印度（460 万桶）和日本（360 万桶）则紧随其后。在几大石油公司当中，埃克森美孚石油公司的日精炼产量为 500 万桶，排名榜首，第二至第四名分别是中国的中国石油化工集团有限公司、荷兰皇家壳牌公司、英国石油公司和康菲石油公司。2017 年年初，全球炼油产能比实际产量高出约 20%，这意味着这些工厂的设施利用率达到 80%。在精炼液体燃料的主要消费国当中，只有俄罗斯和美国是净出口国，而欧盟、中国和日本是精炼燃料的主要净进口国。

与其他许多工业生产过程一样，在 20 世纪的最后几十年里，原油精炼行业也出现了一种趋势，即生产厂家不断合并，规模逐渐增加（从而形成规模经济）。举个例子：1980年，美国共有300多家炼油厂，与第二次世界大战结束后炼油厂的数量差不多，但到了2000年，美国的炼油厂总数减少了一半，只有150家左右。现代大型炼油厂的日产量通常会超过10万桶，即每年至少加工500万吨原油，而前十大炼油厂日产量则超过了50万桶。

2015年，世界最大的炼油厂是位于印度古吉拉特邦的贾姆讷格尔炼油厂，其日产量为124万桶；其次是位于委内瑞拉的巴拉瓜那炼油厂，其日产量为95.5万桶，而韩国的蔚山炼油厂则排名第三，日产量为84万桶。沙特的拉斯坦努拉炼油厂是中东最大的炼油厂，日产量为55万桶；而欧洲最大的炼油厂则是位于荷兰的佩尔尼斯炼油厂，其日产量为40.4万桶。

炼油厂实地储存的原油通常足够两周用量，原油出口码头也需要储存大量的燃油给油轮加油。此外大型输油管道起点同样要储存燃油，以便分批将客户定制的原油或精炼产品输送出去。但在许多工业设施中，储油罐要小得多。

到目前为止，世界最大的油库是美国战略石油储备库。从1977年开始，该油库便开始储存从沙特进口的石油。这些原油被储存在得克萨斯州和路易斯安那州的墨西哥湾沿岸地区4个巨大的地下盐穴中，那里最多可以储存7.135亿桶原油。截至2017年6月，战略石油储备库的已存储石油为6.85亿桶，约占美国石油年消耗量的10%，且相当于149天的原油进口保护量（以2015年原油净进口量计算），远远超过国际能源机构要求的90天进口保护量。

2016年年底，经济合作与发展组织（OECD）成员国的石油储备总量接近60亿桶，其中包括国家战略石油储备、商业储备和海上石油储备。

这意味着与过去40年相比，西方国家现在已经做好了更充分的准备，能够应对任何突发的大规模石油进口中断事件。中国也一直在效仿这个做法，其战略石油储备的目标储存量为5亿桶。

第五部分
一个时代的终结?

石油还能用多久？这是我为第五部分提出的一个开放式的问题。这个问题有多种答案，而最明显的答案就是：如果纯粹从石油存在的时间来考虑，只要地球不毁灭，石油就永远存在。即使采用我们能想到的最先进的开采技术，岩石的储集层中也仍然会留下大量原先就有的石油。更重要的是，若要探寻和开采储存在无数位于边缘地带或几乎无法到达的小型储集层的液态石油，成本将会高得惊人，而从大部分已知油砂岩、油页岩和焦油沉积层中提取液态碳氢化合物的做法回报极低。因此，大量原先存在于地壳中的石油永远不会被人们开采出来。

如果"石油还能用多久"这个问题的关注点仅仅是原油的某些商业化生产活动会持续多久，那答案也很简单：肯定会贯穿整个21世纪。虽然有人认为全球原油开采高峰期即将来临，但不可否认的是，我们还没有发现很多常规油田，而是采用新方法从非常规油田开采石油，这意味着在21世纪的最后几十年里，那些累积下来的油田将会继续商业生产活动。在能源脱碳化浪潮持续升温的大背景下，许多化石燃料可以被非化石燃料所取代，但事实证明，有些石油的用途是难以取代的。不过，我不想回答"原油作为全球一次性能源供应中最重要的化石燃料的地位能持续多久？"这种问题，我也不会预测石油开采活动将何时达到顶峰、何时开始下降。这些问题的答案取决于许多可变因素的影响力大小和发展趋势，而这些都是未知的。以往对于石油生产高峰年份的预测均以失败告终，任何新的预测都只是重复做无用功而已。

相反，我要做的是对石油在全球能源供应中发挥的作用进行一番恰当的历史回顾，然后对当前盛行的关于石油时代即将结束的悲观预测进行一番研究。这种情绪体现在各类出版物上，它们声称石油生产已经到达顶峰，"集体狂欢"的时代已经结束；更有甚者，有人根据理查德·C.

邓肯（Richard C. Duncan）的"奥杜瓦伊（Olduvai）理论"，认为随着石油开采活动的减少，人类社会将重新回归两百万年前著名的坦桑尼亚奥杜瓦伊峡谷原始人的生活状态。最后，我还要展望石油以外的领域，简要概述一些在常规原油以外获取液体燃料来源的主要方法。

第 11 章
人类很快就会回到原始社会？

我们已不再如此依赖石油

如果根据媒体或政治家经常说的话来判断石油的重要性，那我们必然得到一个结论：就人类文明的存续而言，其他任何能源的重要性都比不上石油或原油。但这是一种言过其实的观念。毫无疑问，液体燃料对现代生活方式和质量产生了巨大影响，但在北美以外地区，它们只是在过去几十年中才变得非常重要，比如 1960 年以后的欧洲和日本，以及 20 世纪 80 年代以后人口众多的亚洲国家。因此，全球各国对石油的依赖是一种相对较新的现象，这使我们深刻地意识到，我们不应夸大燃料的不可或缺性。我们富有创造性的工业化社会早在石油消耗达到目前水平之前，就能够给我们提供体面的生活了；而在液态碳氢化合物成为全球能源供应的次要组成部分之后，人类社会将依旧繁荣，我们会继续享受高质量的生活。2017 年，我们在谷歌上进行搜索时会发现"天然气"的点击率几乎与"石油"和"原油"的点击率的总和相等，这就是能源结构发生转变的明显迹象！

煤炭、石油、天然气：能源结构的变迁

油气生产工业化以前，人类社会以煤炭和水力发电作为动力。煤炭是 19 世纪工业化的重要燃料，并在 20 世纪上半叶继续主导着全球商业能源供应。煤炭在现代能源供应量（不包括传统生物燃料）的份额从 1900 年的 95% 左右缓慢下降到 1930 年的 80% 左右；到了 1950 年，其所占份额降到略高于 60% 的水平。与此同时，在 1900 年，原油只占全球一次性商业能源的 4%，到了 1930 年，其占比升至 16%；至 1950 年，原油占全球能源总量的 27%，而天然气供应量约占 10%（见图 5.1）。煤炭在很多主要经济体的能源种类中占据最主要的地位，即便到了 1960 年，煤炭在日本一次性能源供应中所占的份额仍接近 60%，在法国占一次性能源的 61%，在英国占 77%，在德国占 80%。煤炭极大地推动了德国的经济扩张。

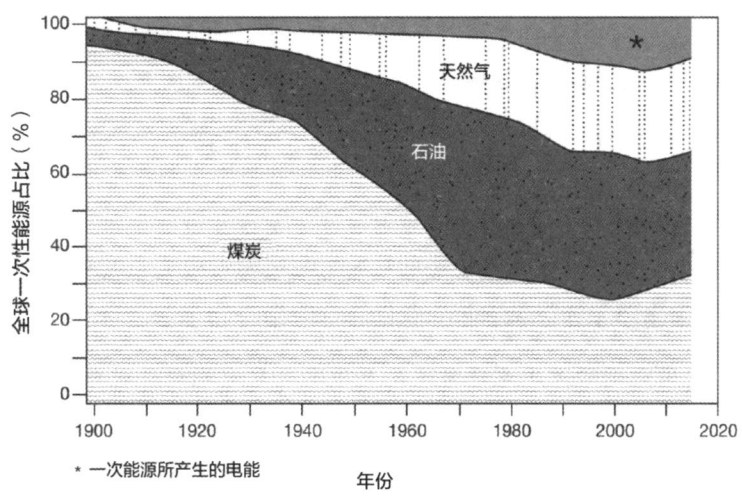

图 5.1　1900—2015 年全球一次性能源占比图

20世纪60年代，全球加速从煤炭使用向石油和天然气的使用转化。1962年，煤炭在全球一次性能源当中的占比首次低于50%。后来，石油的优势实在太大，所以即使欧佩克两次上调油价，也无法刺激煤炭卷土重来。导致煤炭节节败退的最重要因素包括地下开采成本相对较高、缺乏使用灵活性、煤炭生产和燃烧对环境造成不利影响（煤炭燃烧会形成酸雨和高碳排放），但毫无疑问的是，1972年后欧佩克推动油价上涨确实有助于减缓煤炭在全球范围内的萎缩，使其从1970年占一次性商业能源总供应量的33%左右逐渐降至2000年的28%。不过，一些走在复兴之路上的国家并不在乎煤炭的所有缺点，因为它们需要大量能源来促使经济快速增长，例如印度对煤炭的需求一直都在增长。因此，到了21世纪的头十年，煤炭在全球一次性能源供应中所占份额上升到了33%，并且在2015年几乎也达到了同样的比重。

但现今除中国和印度以外，煤炭的使用量正在下降，因其最重要的用途——煤炭发电——正被更清洁和转化效率更高的天然气所取代（尤其是联合循环燃气涡轮机）。最值得注意的是，美国煤炭发电比例从2010年的45%下降到了2016年的30%。

从全球范围来看，煤炭和原油在20世纪所提供的一次性能源总量大致相同，相当于1250桶石油的能源量。但是，到了20世纪下半叶，原油所提供的能源量大约比煤炭高出了三分之一。20世纪60年代中期，原油成为全球主要的一次性能源；至70年代，原油所占全球能源比重达到了峰值，约为44%；到了1990年，该比例下降至37%，并在10年后仍保持在同一水平，但到了2010年，原油所占比例已滑落至32%，为20

世纪 50 年代以来的最低水平。这种长时段的观察让我们获得了正确的历史视角，以更好地理解原油在全球能源供应中的重要性。到了 2015 年，石油已连续 50 年成为全球一次性能源的最大组成部分，而在此期间，全球原油消耗量从每年 16 亿吨左右增加到 43 亿吨，几乎增长了 1.7 倍。

然而在全球范围内，原油在一次性能源供应中所占比重永远无法达到 20 世纪上半叶煤炭的统治地位。尽管原油消耗量一直呈绝对增长趋势，但和煤炭及天然气相比，它正处于相对减少的状态。亚洲国家的煤炭使用量稳步增加，世界范围内人们对天然气的依赖性也越来越大，到了 2016 年，这两种能源在所有商业能源消耗中占据了 60% 的份额。石油供应量的相对减少还表现在所有主要经济体以及世界各国石油依赖度（即生产一个单位经济产品所需石油量）不断下降。若以固定货币（美元）计算美国的国内生产总值，则美国经济的石油依赖度从 1964 年的 140 千克/千美元降至 2011 年的 55 千克/千美元，50 年间下降了 60%。同一时期，全球平均石油依赖度下降幅度约为 66%，甚至比美国更为显著。

石油依赖度大幅下降，原因在于如今精炼油产品转换效率的提高，同时气态碳氢化合物和非化石能源正在逐渐取代石油。举个例子：1975 年，数千万美国家庭（绝大多数位于美国东北部）使用热效率较低（约 50% 热效率）的燃料油进行室内供暖；天然气取代那些燃料油后，不仅以前占据了很大市场份额的产品被消灭了，大气的碳负荷也被降低了。在 20 世纪 80 年代，即使是所谓的中等能效的天然气炉也有大约 70% 的热效率；二三十年后，天然气炉的热效率达到 80% 以上，而现在最好的高能效炉可以把 97%～98% 的甲烷化学能转化为热能。2015 年，全球生产的精制燃料只有不到 7% 用于发电，目前家用燃油也没有达到全球液体燃料需求的 7%，因此随着液体燃料在发电能源和室内取暖及烹饪等家用用途中占比越来越小，精炼油产品更加集中在运输行业。无论是海运、铁路运输、卡车运输、汽车运输还是航空运输，所有主要的货物和人员运输形式都极度依赖精制燃料。由于运输行业已成为所有发达经济体和人们生活方式的重要组成部分，我们可以毫不夸张地得出一个结论：在21世纪初，现代文明在很大程度上是由它使用液体燃料的方式决定的，所以它会竭尽全力地确保液体燃料的持续供应。

必须要重申的是，这种重要性不仅仅体现在各种运输形式对高性能燃料的依赖。对于无数工业活动来说，提炼自原油的润滑油也是必不可少的。如果没有石油衍生出来的铺路材料，现代交通基础设施绝对不可能存在。另外，数十种塑料也是通过石油衍生的材料合成的，如果没有石油，我们可能也使用不了塑料。从人类文明的时间尺度来看，石油是一种不可再生资源，而这种资源的开采给人类带来了上述所有好处。自20世纪90年代中期以来，关于"石油还能用多久"这个问题，某些石油地质学家给出的答案越来越令人担忧，而他们的论点却被媒体争相报道。有人认为，全球石油产量即将达到顶峰，在这之后它会迅速滑落，不会经历任何平稳的过渡期。他们还一再向我们保证说，石油产量骤降的必然后果将是繁荣的现代社会走向终结，人类将为日益减少的石油资源展开激烈斗争。接下来，我要对这些恐慌情绪进行解构，说明这种黯淡前景是不太可能发生的。

石油顶峰理论错在哪里

赞同"全球石油产量即将达到顶峰"这一观点的人在无休止地重复以下基本假设：当我们把原油的最终可开采量（EUR）与全球累计石油

产量进行对比时，会发现我们已经开采了一半最终可开采量，或者会在几年内做到这点。当然，这要取决于最终可开采量到底有多大，可实际上其规模是不确定的。他们认为全球石油产量一旦达到顶峰就会迅速开始下滑，因为整个开采周期必定遵循正常的钟形高斯曲线函数，而曲线下方的区域即是最终可开采量。鉴于石油对现代文明的重要性，石油年产量的下降必将产生严重后果。一些著名的石油顶峰理论家甚至给现代文明写好了讣告。

美国地质学家L.F. 艾文霍（L.F.Ivanhoe）认为，石油时代会过早结束，"末日必将到来"，随之而来的将是"经济内爆"，它将使"世界上很多发达国家看起来更像是如今的俄罗斯，而不是美国"。曾当过电气工程师的理查德·C. 邓肯认为，石油顶峰期是"人类历史的一个转折点"，它将带来大量失业人群、赤贫人群和无家可归者，使工业文明走向灾难性的终点。事实上，艾文霍的"奥杜瓦伊理论"认为人类将很快回到两百万年前我们祖先生活的环境中。科林·坎贝尔（Colin Campbell）、让·拉赫雷（Jean Laherrère）、L.F. 艾文霍、肯尼思·德弗耶斯（Kenneth Deffeyes）等人都认为全球石油开采巅峰期即将到来，但是，他们或多或少地使用了一些杞人忧天的论调。其著作和演讲既包含了一些不可否认的事实、合理的论证，也使用了一些站不住脚的假设以及对某些复杂过程的夸张描述，但都因为一些现实不符合他们先入为主的观点而忽视了它们。

他们的结论奠基于对石油的简单解读。石油的最终可开采量根本无法确定，而且随着我们对石油地质学获得了进行更深入的了解，前沿勘探技术和开采技术也逐步提高，石油的最终可开采量也会上升。此外，石油顶峰理论的拥护者忽视了价格的作用。他们不从历史角度看待问题，却预设人类将失去创造性和适应性，但正是他们的偏见和末日论调吸引了大众媒体（这些媒体一直都急于传播最新的坏消息），并给缺乏科学常识的民众留下了深刻印象。我的批评基于3个基本现实。首先，关于石油顶峰的预测长期以来都以失败告终，最近这些担忧只是其中之一而已。其次，石油顶峰期理论的拥护者认为，这次的情况确实有所不同，因此他们的预测不会失败。该观点把正确的观察所得与站不住脚的假设混为一谈。第三点可能也是最重要的一点：当我们在思考世界石油储量减少或枯竭时，必须明白全球石油产量的逐渐下降并不一定会变成经济和社会灾难。

公众对于化石燃料资源枯竭的担忧可追溯到1865年。当时正值维多利亚时代，著名经济学家威廉·斯坦利·杰文斯（William Stanley Jevons）出了一本书，并在书中做出结论，认为"用任何其他燃料来代替煤炭的想法是无用的"，而且煤炭产量的下降必然意味着英国大国地位的终结。但实际上，直至20世纪的第二个十年，英国的煤炭开采活动都在持续扩大。随后的开采量减少与资源枯竭无关，与新燃料的到来也没有任何关系。2015年，当英国最后一个地下煤矿关闭时，英国仍有2亿吨以上的烟煤储量，但在此几十年前，与产自北海的原油和天然气或国外进口的廉价煤炭相比，英国的煤炭开采已经成为一个毫无吸引力的产业。2017年，全球煤炭探明储量约为1.1万亿吨（说明储采比达到150以上），若采用先进的勘探和采矿技术，这个数字肯定可以翻好几倍。显然，1950年以后的能源供应从煤炭向碳氢化合物（以及一次性电能）的转变与地壳中的煤炭实际储量"耗尽"没什么关系。

但这一点在解释石油问题的时候并不适用，因为石油顶峰支持者认为石油储量即将大幅下降。

周而复始的石油末日论

有关石油生产即将终结的报道可以追溯到19世纪70年代，而在20世纪20年代初，人们对液态石油枯竭的担忧相当强烈，但最具影响的论点是美国地质学家M.金·哈伯特（M.King Hubbert）提出的。他假设矿产资源的开采遵循一条衰减曲线，这条曲线呈对称的钟形分布，反映的是出产量上升并达到顶峰后就会立即下降这一现象。哈伯特利用该方法准确地预测到美国石油开采会在1970年达到顶峰，于是这条对称的衰减曲线成为一种绝对可靠的预测工具。人们只要探明可采资源并绘制出过去的产量图，就能得到一条对称的连续曲线，显示出高峰开采、产量下降和资源最终枯竭的时间。

根据哈伯特的预测，全球石油开采活动将在1993—2000年达到顶峰。实际上，2017年的全球石油产量比1993年高出近40%，这显然证明了最初的预测大错特错。哈伯特的名声更多地来自于他对1970年美国石油产量峰值的准确预测。没错，在1970年，美国的石油产量达到了1130万桶的峰值（10年后，石油产量下降了10%，与预测相一致），但哈伯特的预测值比实际峰值低了20%。他还预测美国石油的最终可开采量为2000亿桶，而几年前他把这个数字定在1500亿桶，只是后来调高了预期。但是，1859—2005年，就在水力压裂法对原油开采活动产生深刻影响之前，美国的石油行业已经生产了1920亿桶原油，剩余储量达320亿桶，那个时期的美国仍位居全球第三大原油生产国。2005年以后，随着页岩油开采量不断增加，哈伯特的预测与现实之间的差距也越来越大。

因此，美国石油产量达到顶峰后的下降并非盛极而衰，而该国的石油开采活动也没有遵循对称的钟形曲线。事实上，美国2017年的原油产量超过了1970年创下的纪录，并且比哈伯特所预测的2017年产量高出近5倍（见图5.2）。所以，哈伯特的预测纪录很难说是准确的，他低估了常规石油的开采量，因为他不知道世界上将出现普鲁德霍湾超大型油田，也不知道人们即将在墨西哥湾发现的大型油田；和其他人一样，他甚至认为非常规资源不可能成为新能源的主要来源。显然，任何最终可开采量都只是一个可以修改的预估数字，而不是固定值。

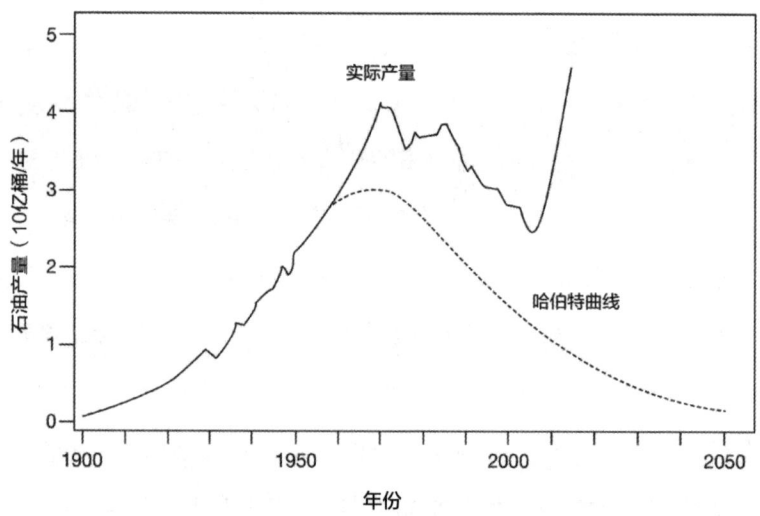

图5.2 哈伯特（Hubbert）对美国石油产量达到顶峰后随即下降的预测，以及1970—2016年美国石油的实际开采量

哈伯特有许多拥趸，他们对于实际产量与预测产量不符这一事实选择了视而不见。1977年，替代能源策略研究会将石油顶峰出现的最早时间设在1990年，并认为它最有可能出现在

1994—1997 年。1978 年，安德鲁·弗劳尔（Andrew Flower）在《科学美国人》（*Scientific American*）杂志上撰文，称"在 2000 年之前，石油供应将无法满足不断增长的需求"。1979 年，美国中央情报局（CIA）认为，全球石油产量肯定在 10 年内下降。1990 年，美国地质勘探局（USGS）的一项研究认为，在 1995 年以前，非欧佩克成员国石油产量的峰值将略低于 4000 万桶/天，但 2005 年非欧佩克成员国的实际产量超过了 4700 万桶/天。到今天为止，一些石油顶峰理论的支持者已经发现自己的预言以失败告终。坎贝尔预测第一次顶峰出现在 1989 年，艾文霍预测第一次顶峰出现在 2000 年，而德弗耶斯认为第一次顶峰会出现在 2003 年，第二次顶峰则会出现在 2005 年感恩节——具体到如此精确的日期，也确实够荒谬的。

人们可能会认为，有了前车之鉴，就不会再有人执迷于石油顶峰理论了，但这一理论的拥趸们依然忍不住要加入失败者的行列。21 世纪早期，石油顶峰理论的支持者说，20 世纪 70 年代或 80 年代的预测错误不足以证明未来的预测很可能（或肯定）也是错误的。2000 年后，他们又提出了一个主要论点，即与二三十年前不同，勘探钻井活动已经发现了地壳中 95% 的石油，更多狂热和广泛的钻探行为只不过是以更快的速度发现少量的剩余石油。石油顶峰理论支持者还认为，即使人们提高燃油效率，甚至取缔 SUV 轿车，抑或发达国家洗心革面地节约用油，根本的趋势也不会得到扭转。他们相信，全球石油需求增长放缓（需求增长是由发展中国家的巨大石油需求所造成的）只能稍微延缓石油顶峰到来的时间。

总而言之，全球石油产量即将达到顶峰这一理念是以三项关键条件为基础的：人类对可开采的石油资源了如指掌；石油资源是固定的；石油开采历史遵循一条对称的曲线。然而，这些主张都是错误的。最终可开采量是不确定的，只要地球上的大片区域未被勘探过或者仅进行过粗略评估，且科技进步能够把以前未开采过的资源变成主要的新能源，那最终可开采量就不会一成不变。但即使在人们还没有重新评估全球石油储量（由于科技进步，非常规能源储量也有可能成为全球石油储量的一部分），美国也还没有借助水力压裂法迅速提高石油开采量的时候，关于"全球石油开采即将达到顶峰、而后石油时代急剧消亡"的说法仍然忽略了以下几个基本事实。

首先，如果石油开采巅峰期即将到来，那么石油这种珍贵燃料的预期短缺岂不是应该造成价格持续上涨？而囤积石油岂不是会成为一项无与伦比的投资？这些结论显然是错误的，石油的勘探和开采成本没有达到令人无法忍受的地步。如果有人在1986年年底以17.65美元（相当于2017年的39.38美元）购入一桶原油（比如得克萨斯州西部的中质油），并在2017年6月以50美元的价格将其售出，则这桶油的年平均回报率为1.1%（假设没有存储成本），远远低于可以为投资者的资金提供保护的担保投资。与任何平衡型股票市场基金相比，这种投资的收益实在低得可怜，而在2017年，每卖出一桶1980年购入的原油，就会损失50%的投资额！

其次，钟形曲线有一个基本特征。石油顶峰理论的支持者在2005年认为全球石油开采将在几年内开始下降，但哈伯特的预测要想实现的话，全球一半的石油储量必须在那个日期到来以后开采，而接近正常曲线形态的下降幅度意味着石油储量还可以供我们开采一个多世纪。也就是说，假如石油产量在2010年达到每日8300万桶的峰值,则对称曲线就意味着2030年全球石油日产量将达到6500万桶,而在2050年这个开采量将达到每日5000万桶左右。很明显,即使全球石油产量已经达到近年来的顶峰,石油时代也还远未结束。

但相当令人费解的是,那些预测全球石油产量即将达到顶峰和石油时代将会迅速结束的人完全忽视了已经发生的基本经济现实,并假定未来需求不受任何外部因素的影响。这种做法显然是错误的。即使石油顶峰的到来和产量的急剧下降都是不争的事实,这也没有促使人们肆意提高剩余石油的价格,反而鼓励了人们加速寻找其他能源。欧佩克在20世纪80年代初就受到了教训。当时的油价创下了历史新高,但随之而来的不仅是石油在全球能源供应占比中下降,全球石油需求和油价也大幅度降低。1981—1986年,欧佩克每桶原油价格下降约60%。

因此,即使资源相当有限,而且我们正处于石油产量曲线的右侧,石油时代仍有几十年的发展时间,且油价不会变成天文数字。事实上,全球石油产量仍在缓慢爬升,而且我们也有大量的证据证明世界上尚未发现的石油比悲观主义者预测的石油储量要多得多。最值得注意的是,美国地质勘探局在2000年发表了一份评估报告,对世界上未被发现的常规石油资源进行了最全面的评估。它估算了三大类石油储量:截至20世纪90年代末,全球大约生产了7100亿桶石油,剩余已知储量约为8900亿桶;已知油田未来将增加近6900亿桶石油的储量,而大约有7300亿桶石油尚未探明,最终可开采量约为30200亿桶。2012年,美国地质勘探局更新了其对全球油气资源的估算值,并将现有技术可开采的未探明常规原油储量定为5653亿桶,未探明液化天然气定为1667亿桶,这使得未探明常规油气资源总量达到了7310亿桶。即使对最初估计的未探明常规石油储量按95%的置信界限（几近肯定）计算，其数值也达到了4000亿桶，几乎是那些石油顶峰理论支持者所认定的数量的3倍。

我们既无法估计石油的储量，也无法预测它的需求量

根据美国地质勘探局的数据，大约60%的未探明石油储量几乎均衡地分布在3个地区，即拉丁美洲和加勒比地区、撒哈拉以南的非洲地区，以及中东地区；而以下6个盆地最有可能发现石油：美索不达米亚前渊盆地、西西伯利亚盆地、尚未完全勘探的东格陵兰裂谷盆地、扎格罗斯褶皱带、尼日尔三角洲和沙特阿拉伯东部的鲁卡哈利盆地。在北美，最有可能发现新石油的地点是阿拉斯加北部、加拿大位于北极圈内的属地以及墨西哥湾。在拉丁美洲，委内瑞拉和巴西的近海水域将出现大型新油藏，而最重要的区域有可能是在亚马孙河口盆地。非洲大部分未开发的石油资源位于刚果和尼日尔海域，但潜力最大的当属阿尔及利亚和利比亚。在中东，沙特阿拉伯和伊朗这两个主要石油生产国都有发现大型新油田的可能性，伊拉克也是如此。

鉴于所有这些不确定因素，我们可以根据对最终常规石油开采量的不同预测绘制大量的未来石油产量曲线图（见图5.3）。假如我们预估石油的最终可开采量为3万亿桶左右（视未来的消耗率而定），那么这就意味着石油开采顶峰会在2020年以后的某个时间到来，同时也意味着21世纪40年代的全球石油产量仍然会像20世纪80年代初一样高。不过，上述预估值对于资源的看法太过狭隘，因为它们只考虑到传统资源。让·拉赫雷（早期石油顶峰理论的积极倡导者）也承认，加上储量处于中等水平的液态天然气（2000亿桶）和非常规石油（7000亿桶），待采石油储

量仍然有 1.9 万亿桶左右，比他预估的液态原油储量多一倍。从那时起，我们就对非常规石油资源有了更深入的理解，而美国页岩油开采取得成功，证明了科技进步可以将很大一部分此类资源转化为经济可采储量。

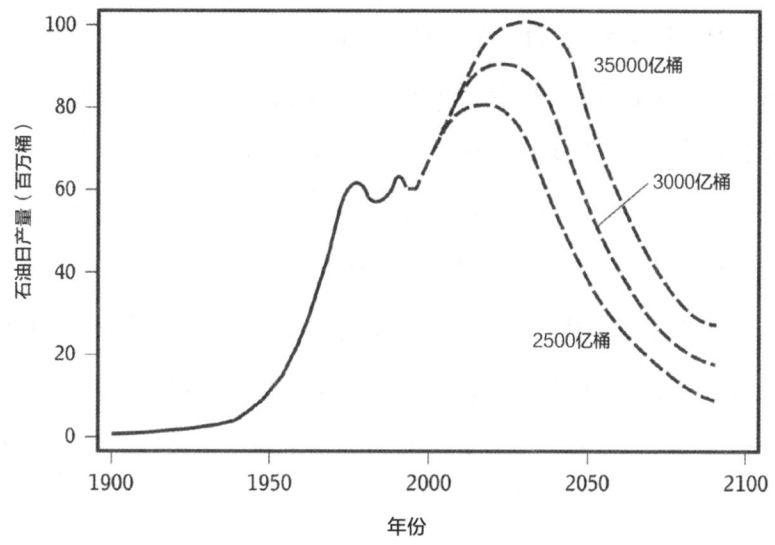

图 5.3　21 世纪可能出现的全球石油产量曲线

2010 年年初，英国石油公司做了一次年度调查，结果显示：把加拿大油砂岩、委内瑞拉奥里诺科重油带和美国油页岩的原油储量加进来之后，世界常规原油储量将达到 14760 亿桶。2017 年年中，这一数字升至 17070 亿桶，仅在 7 年时间里就增长了 15% 以上。北美非常规石油的开采已经改变了美国和加拿大最终可开采量曲线的形态，即使是在那些常规石油资源已被广泛开发的地区，未来还会增加更多石油储备。这方面的最新例子就是，美国地质勘探局在 2016 年 11 月宣布得克萨斯州西部的沃尔夫坎普页岩拥有 2000 亿桶原油储量以及 16 万亿立方英尺天然气储量，而这些原油和天然气都可以用现有技术开采。沃尔夫坎普的页岩油储量几乎是北达科他州巴肯地区页岩油总量的 3 倍，因此它成为美国最大的原油储藏地。其他很多国家也拥有大量的页岩油藏。2015 年，美国能源信息署将全球未探明的技术可开采页岩油（致密油）总储量定在 4200 亿桶左右，而北美以外最具潜力的页岩油生产国分别为俄罗斯、阿根廷、中国、阿联酋、利比亚和哈萨克斯坦。

而正在形成的能源枯竭曲线也将受到需求调整的巨大影响，这种现象显著地表现为 1979—1994 年全球石油消耗量的下降和停滞，以及 2008 年后石油需求的再度放缓。如果为了塑造未来石油需求的轮廓而有意识地施加管理手段，比如对道路行驶车辆制订更激进的能效目标，那么这条曲线甚至有可能出现更大的不连续性。假如即将到来的石油短缺事关人类存亡，那我们就要分清轻重缓急，根据精制燃料用途明确的优先等级进行分配，以尽量延长燃料供应期。第一类要确保的燃料包括农业机械燃料、必要的航空燃料和基础石化合成原料；第二类要受到保障的燃料则是易腐坏货物长距离运输燃料，但所有铁路运输都应该实现电气化。乘用车汽油应排在最后一位，同时客运行业也要逐步向电气化转变。

由于上述不确定因素，我们不知道全球石油产量何时会达到顶峰、峰值是何种水平，也不知道下降速度是否跟上升速度一样快。石油是否会经历长期、缓慢的逐步衰退还是突然大幅下降，再经历数十年的波动期？对于这些问题，我们无法得到较为确切的答案，除非我们极其细致地勘探了世界上所有沉积盆地，并对石油的最终储量做出误差范围极小的预估。但是，诚如莫里斯·阿德尔曼所言："要想知道石油的最终储量，我们必须首先掌握最尖端的知识。如今我们无法知道最终储量是多少，就不应该不懂装懂。"然而，即使我们对全球最终可开采的石油资源了如指掌,也不可能知道未来的石油需求,因此我们无法绘制出全球石油产量的曲线图。

我们之所以无法预测未来的石油需求,是因为跟过去一样,石油需求是由可预测因素以及不可预测因素驱动的,前者包括不断增长的人口和更高的可支配收入,后者则包括政治变革和社会经济变革;最重要的是,新的技术进步也会驱动石油需求。下面我要列举历史上4个著名的案例来说明人类如何重复犯下相同的错误,并且指出他们的预测能力是多么的低下。这种低下的预测能力产生了两种截然不同、不可预测的后果,即提振或打压了石油的未来价格及供应量。1930年,没有人能预知商用喷气式飞机会在1960年投放市场,这项创新催生了一个对煤油需求量极大的全新行业。1960年,欧佩克成立,没人能预测到这次政治转变将使油价上涨一个数量级,并导致全球石油需求自19世纪60年代以来首次出现大规模下降。20世纪80年代初,随着油价屡创新高,没有人能预料到25年后的今天,美国半数的乘用车都是油耗量极高的SUV、皮卡车和货车。2005年,当媒体痴迷于报道即将到来的全球石油开采顶峰时,没人能预料到油价会在10年后跌至新的低点,而全世界都在担心石油供应过剩!

因此,基于过往(长期或短期)涨跌幅所做的线性假设都是可笑的。1965—1973年,美国石油需求增长了50%,但1979—1999年这20年间,增幅还不到2.5%。美国的石油开采量在1995—2006年下降了20%,但在接下来的10年里增长了85%。我们应该使用哪一个值作为真正的长期供需预测值呢?比如至少半个世纪?同时我们还有另一件重要的无法确定之事:到目前为止,我们还不知道人们对于全球变暖的担忧会在多大程度上影响未来化石燃料的开采。对能源转化情况和惯性能、内嵌能的使用及基础设施的现实情况进行研究后,我们只能打消任何迅速放弃化石燃料，尤其是放弃原油的念头。

即使有了最先进的技术，能源转换无疑也给那些正在被取代的能源的提供者带来了巨大问题（欧佩克成员国当然不希望石油时代过早结束），它们需要拆除或重组许多老旧的基础设施，包括所有的油轮、管道和炼油厂，它们还要引进全新的关系、流程和做法，无论主流新能源是太阳能还是核能。由此而产生的行业和地区社会经济混乱将不可避免，而且这种混乱可能是深刻而持久的（想想过去的主要煤炭产区在眼下要面对多么不景气的经济）。基础设施的必要改造代价高昂（要花数万亿美元），且难免存在要经历旷日持久（需要几十年，而不是几年时间）的更新换代时期和建设不均衡的问题。基础设施不均衡这个问题一直存在，即使在美国，许多农村地区直到20世纪50年代才实现电气化，而现在全世界约有15亿人口仍然没有用上电灯！

与此同时，全球协同行动有可能加快从使用石油到使用非碳能源的转变进程，尤其是在发电方面有可能加快非碳能源的使用。但是，这种转变对全球精炼油产品需求只能产生有限的影响，而精炼油产品目前和将来都主要存在于运输领域。倘若我们下定决心限制化石燃料的使用，防止人为排放温室气体造成大气温度过度上升，则能源转换可能会产生更大的影响力。2017年，商用能源排放的二氧化碳中，大约有三分之一来自燃烧后的精炼油产品，而在1950年，该比例约为四分之一。这个比例实在太大，我们无法仅仅通过专注于使用其他化石燃料来实现未来二氧化碳排放量的大幅减少。迄今为止，我们的努力还相当微不足道。2015年11月，联合国气候变化大会（COP 21）在巴黎举行，其目标是把地球对流层平均温度上升幅度限制在2℃以内。然而，会议的最终文件关切地指出，即使当时所有参会国家做出的承诺全部兑现，2025年和2030

年的二氧化碳排放量还是无法达到预期数值，反而会导致每年二氧化碳排放量进一步增加。

要实现预期目标，我们必须切实降低目前化石燃料的燃烧速度，包括大幅度减少石油的使用。在二三十年内，化石燃料时代似乎还不太可能结束。2017年，全球85%的一次性商用能源来自化石燃料。未来几年里，我们的努力成果将有所显现，但将地球对流层平均温度上升幅度控制在2℃以内这个目标很有可能无法实现，我们还得尽最大努力来适应由此导致的气候变暖。与此同时，长远的前景更令人振奋：在未来几十年里（即21世纪60年代之前），我们将在全球能源供应的脱碳方面取得长足进步。尽管我们仍将依赖石油并把它作为我们经济发展的基本动力之一，但我们也会大幅减少石油对环境造成的影响。

第12章
能源战略新格局

非常规燃油让加拿大变身第三大储油国

在简要概述常规液态燃油的替代品之前，我要强调一个最基本的考量因素。已经过技术验证的替代品（例如天然气制成液态烃）或看似极有前途的未来替代品（例如用纤维素生物质生产乙醇）通常被认为是不可接受或不切实际的，因为它们的成本（或预期成本）超过了它们所要替换的能源。但这种成本论太过简单，而且具有误导性，原因有三：第一，它不承认如今液体燃料的实际成本高于消费者直接支付的价格（通常高出很多）；第二，它暗示只有成本最低的能源和替代物才值得考虑，却忽视其对环境或能源战略会产生何种影响；第三，它忽略了一个事实，即与历史上任何一个时期相比，现代社会为使用能源而付出的成本（占可支配收入的比例）要少得多，因此，这类重要支出即使增加一倍，也不会带来灾难性的后果。

即使对于汽车使用量过高的国家，第三点也同样适用。有人对美国消费者支出情况进行过详细调查，结果显示：2015年，美国家庭在汽油上的平均支出（占支出总额的3.7%）少于娱乐支出（占5%）或外出就餐支出（占 5.4%）。既然如此，为什么一想到汽车燃料替代品的价格比现行汽油零售价高一倍（只是随意打个比方），我们就会慌乱不已呢？如果新燃料能将汽车性能提高一倍（考虑到美国汽车的平均性能极差，这是一个很容易实现的目标），那么新燃料在家庭平均支出所占比重并没有改变！如果替代燃料的生产和转化过程给环境带来的负担较低（包括较低的温室气体排放量），或者能够给人们带来重要的战略利益，则"替代燃料成本高得令人无法接受"这一论点是完全站不住脚的。

这些考量因素可能会促使人们从已知油藏中开采出更多石油。要知道，即使采用现在最先进的采油方法，地壳中仍保留着 40%～50% 的原生石油，而油价上涨证明了采用成本较高的开采技术是合理的。在金属矿石资源日益减少的情况下，我们还在继续采矿，恰恰就说明了这一点。除了常规的液态燃油以外，地壳中还存在大量非常规碳氢化合物资源，它们已成为北美大部分原油的来源（包括美国的页岩油和加拿大从油砂层开采出来的原油），并将逐渐被世界其他拥有丰富非常规石油资源的地区所接受。这里我要强调的是，常规和非常规燃油资源之间不存在鲜明的界线，其开采手段也是如此。就质量而言，从轻质油（°API $\geq$ 25）、中等重质油（20 < °API < 25，在储集层环境下可移动）、重油（10 < °API < 20，仍然处于可移动状态）、沥青（°API < 10，不流动）到渗透性极低或完全无渗透性的油页岩，它们也不存在明显的界线。

加拿大萨斯喀彻温省和委内瑞拉多年来只出产少量中质油和一些重油。阿拉斯加北坡也有大规模重油储量（多达 330 亿桶），当地已尝试重油的商业化生产。但是，全球 4 万亿桶重油储量绝大多数位于委内瑞拉境内（接近 1 万亿桶）和北美最重要的商用重油集中地——艾伯塔油砂岩。2014 年，艾伯塔省已探明的重油储量约 1660 亿桶，加拿大因此成为仅次于委内瑞拉和沙特阿拉伯的世界第三大储油国。2017 年,艾伯塔省的总采油量(包括钻探采油和就地提取石油)达到 260 万桶/天,这就意味着艾伯塔省的常规石油在该省的石油开采总量中所占比例不到 15%。加拿大石油行业的前景跟美国非常相似,在很大程度上都依赖于非常规石油资源的开采。

油砂油:非常规石油的开采

20 世纪 60 年代末,油砂油首次实现小规模商业化开采。1967 年,森科能源公司在艾伯塔省麦克默里堡附近开采出第一批油砂油;而成立于 1965 年的辛克鲁德财团自 1978 年以来一直在该地区生产石油。这些开拓性项目开采的都是大型油砂矿,它们借助巨大的挖掘机挖掘矿石,并使用世界上最大的越野卡车将其运送到沥青提取工厂,然后将其转移到用于提高矿产品位的设施以生产轻质原油。从艾伯塔油砂矿开采矿石,从矿石中提取沥青,再把沥青升级为轻质原油,这一过程中的每个投资单位约产生 6 个单位的能源回报。在艾伯塔油砂岩中,只有五分之一的可开采石油可以通过露天开采的方式到达地表,其余的石油必须原地开采。迄今为止,已经商业化的两种原地开采技术(见图 5.4)包括蒸汽吞吐法和蒸汽辅助重力驱油法。

帝国石油公司的科尔德莱克项目是第一个使用蒸汽吞吐法的采油工程。蒸汽吞吐法是将热加压蒸汽(300℃,11 兆帕)周期性地注入井眼,从而分时段浸泡沥青并使其松动。这些循环周期的持续时间从几个月到三年不等,加热后的沥青和水的混合物是从注入蒸

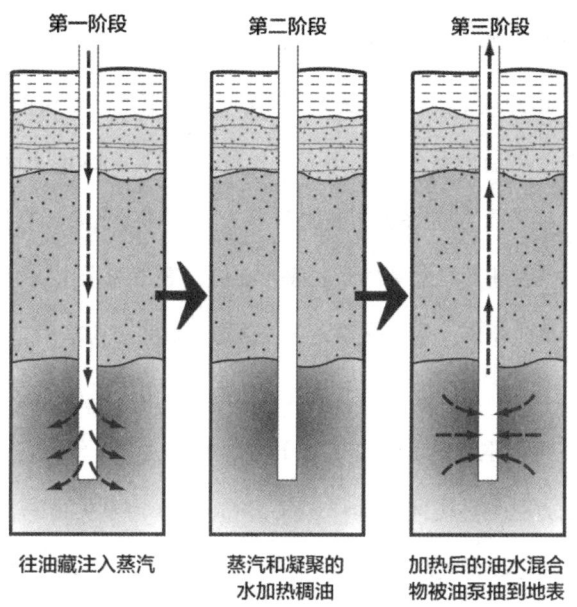

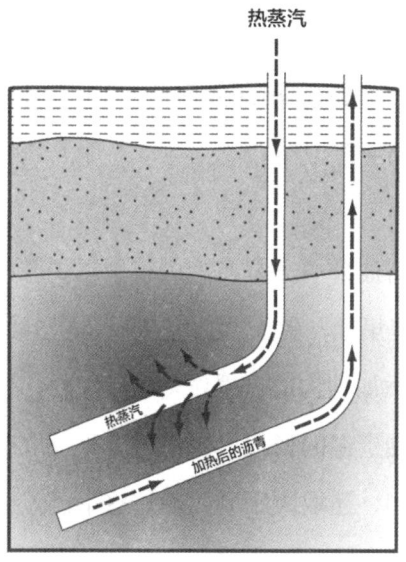

图 5.4 从油砂岩中开采石油：
蒸汽吞吐技术和蒸汽辅助重力驱油技术

汽的同一口井中抽出来的。平均而言，该方法能够提取最初存在于油砂岩中大约四分之一的沥青；再加上后续处理，沥青提取比例可达 35%。1982 年，帝国石油公司将蒸汽辅助重力驱油法申请了专利；如今在艾伯塔油砂行业，赛诺弗斯能源公司（Cenovus Energy）是使用蒸汽辅助重力驱油法采油的领军企业。该工艺要求在油砂岩层底部附近钻探出两口水平井（一般为 500～800 米长），两者垂直间隔距离为 4～6 米；然后需要人工往顶部水平井注入蒸汽，加热周围的沥青，这些沥青会慢慢流入底部水平井，再由人工从底部水平井将油水混合物提取出来。赛诺弗斯还在蒸汽中注入丁烷，并在两口蒸汽辅助重力驱油井之间增加一口水平井，将采油率提高到 70%。分离后的水被循环回收，用于产生蒸汽，而早期原地开采工艺需要近 8 个单位体积的蒸汽来生产 1 个单位体积的石油，但最新的做法已经将蒸汽降低到 2 个单位甚至更少（生产蒸汽的能源成本也随之下降）。尽管大多数公司的能源投资回报率仍然为 3∶1，但最优采油方法已将这一比例提高了一倍。

委内瑞拉国家石油公司一直在出口重型锅炉燃料，即煤或天然气替代品。这种名为"奥里油"的混合物由 70% 的天然沥青、30% 的水和少量用于稳定乳液的添加剂构成，用作发电厂燃料。但是，奥里诺科重油带巨大的非常规石油资源的任何大规模开发不仅取决于油价和技术进步之间复杂的相互作用，还取决于委内瑞拉这个已位列全球最不稳定经济体行列且常规石油开采活动不断减少的国家的政治形势。在 2006—2015 年这将近 10 年的时间里，委内瑞拉的常规石油开采量下降了 20%。

天然气的崛起

在非常规石油成为全球液体燃料供应的重要补充之前，人们对天然气合成油产生了浓厚的兴趣。1923年，德国人弗兰兹·费舍尔（Franz Fischer）和汉斯·托罗普施（Hans Tropsch）发明的一种用煤气生产汽车燃料的技术，首次验证了天然气合成油的技术可行性。第二次世界大战期间，纳粹德国用费托合成法生产的合成油确保了国防军和空军的燃料供应；1943年，德国的合成油产量达到每天12.4万桶峰值，后因盟军对工业设施的轰炸而减产。廉价的进口原油一度导致合成油企业亏损，但在1955年，南非萨索尔工厂开始生产合成油。2007年，萨索尔将改良后的合成油工艺首次出口国外，在卡塔尔完成了"羚羊天然气合成油项目"。1993年，壳牌在马来西亚民都鲁建造了该公司的第一个天然气合成油工厂，并于2012年在卡塔尔拉斯拉凡完成了"珍珠天然气合成油项目"。该项目采用来自世界最大气田波斯湾的天然气生产合成油，并因此成为世界最大的合成油项目。

然而，这些工厂运营成本过高，且低成本原油价格起伏不定，所以天然气合成油工艺并没有被大规模采用。截至2017年，所有运行中的天然气合成油项目所生产的燃油只占全球液体燃料产量的0.5%不到。天然气合成油的最终目标是将甲烷转化为廉价的能源载体，并将这种新工艺商业化。1994年诺贝尔化学奖得主乔治·奥拉（George Olah）认为，甲醇是最好的选择。甲醇这种液态碳氢化合物（CH_3OH）可以通过多种方法制备，而最常用的两种方法是通过天然气的直接氧化以及二氧化碳的催化还原生成。与氢相比，甲醇处理起来更安全，成本更低，被很多人视为未来非碳经济的终极能源载体。

但在短期内，天然气并不一定要以合成油的形式取代石油。天然气直接替代石油这项事业已经进行了好几十年，而在未来的几十年里，它还将继续进行下去。前文已经提到过，在北美和欧洲的家庭取暖领域，天然气已取代了燃料油，只有一小部分家庭还在用燃料油；而在很多发电厂和工业企业当中，天然气也取代了燃料油。天然气还是高价值的石油化工原料，它可以通过两种方式取代车用汽油：一种方式是将压缩天然气直接用于乘用车，该方式只需对发动机进行微小改动就能使车辆运转起来，很适合被城市车队运营公司和其他街道行驶车辆的所有者采纳；另一种是间接方式，即采用高效的联合循环燃气涡轮来为电动汽车发电。简而言之，除了航空、长途陆运和海运以外（常压下，天然气的能量密度仅为液体燃料的千分之一，不适合用作长途旅行的便携式燃料），天然气可以取代液体燃料的一切用途。

天然气与天然气大国

天然气与石油非常相似，由不同比例的碳氢化合物混合而成，但与石油不同的是，天然气主要是三种最简单的烷烃的混合物，即甲烷、乙烷和丙烷。在人们对天然气进行压缩并使用管道将其输送出去之前，存在于许多天然气中的高级同系物（被分离成天然气液的丁烷、戊烷和己烷）与二氧化碳、硫化氢、氮、氦、水蒸气也要被分离出来。天然气通常与原油共存，但它们也以游离（干燥）气体的形式存在，在油藏中不与原油发生任何接触，或者完全独立存在于含气层中。天然气的热含量在 30～45 兆焦/米^3（甲烷的热含量为 35.5 兆焦/米^3，每个能量单位所产生的二氧化碳最少，因此它是污染最少的化石燃料。与原油一样，常规天然气储量一直在稳步增长。截至2017年，全球常规天然气储量已达到190万亿立方米，以能量计算，这几乎相当于2016年全球常规原油储量的总和。

1985—2016年，天然气开采量增加了2.1倍，达到3.5万亿立方米，然而天然气储量增长不仅有利于开采量不断扩大，还能使全球储采比保持在50多年。常规天然气储量集中在伊朗（约占全球总储量的18%）、俄罗斯（约占17%）、卡塔尔（约占13%）和土库曼斯坦（约占总储量的10%左右）。中东的常规天然气占全球总储量的40%多一点，远低于原油所占份额。与石油共生的天然气过去只是作为一种多余的副产品而直接放空燃烧，但随着人们对清洁能源的家用和工业燃料的需求不断上升，这种浪费资源的做法已经减少。1975年，约占全球14%产量的天然气被放空燃烧。夜间卫星图像显示，主要天然气放空燃烧点发出的亮光比许多大城市的灯光还要亮。自21世纪初以来，世界各地放空燃烧天然气的数量一直在缓慢减少，但在2015年略有上升，占全球天然气产量的4%多一点，超过当年中国的全年天然气产量！俄罗斯、伊拉克、伊朗、美国（由于页岩油开采量迅速扩大）和委内瑞拉必须对浪费天然气的做法负主要责任。

几十年来，那些无法通过管道开采的大型气藏一直没有派上用场，因此带来了大量所谓的闲置天然气储备。直到20世纪60年代初，这种不利局面才开始改变。当时阿尔及利亚率先用液化天然气油轮向英国和法国出口天然气，而印尼也向日本出口液化天然气。但是，天然气液化工厂和特制油轮造价高昂，天然气出口仍然规模有限。液化天然气仅占天然气体积的 1/600 左右，但必须冷却到 -162°C 才能运输，并在到达目的地后重新气化。从 20 世纪 90 年代起，随着液化工艺成本下降，带绝热缘储气罐的特种油轮造价变得更加低廉，液化天然气贸易于是开始兴起和扩大，并最终转变为一项真正的全球性行业。液化天然气价格大幅降低，供应商和采购商越来越多：2017 年，共有 18 个国家的 70 多家液化工厂出口液化天然气，其中卡塔尔、马来西亚、澳大利亚和尼日利亚排名前列，而进口液化天然气的国家数量达到 39 个，其中最大的进口国都在亚洲，如日本、韩国、中国、印度。近 400 艘液化天然气油轮被用于出口能源产品，其中最大的油轮容量超过 25 万立方米，而 105 艘油轮的运载量几乎占液化天然气贸易总量的 33%。

天然气的长期供应前景向好。2000 年，美国地质勘探局预测全球常规天然气累计产量为 2920 亿桶石油当量（Gboe），剩余储量为 8000 亿桶石油当量，假定增长储量约为 6100 亿桶石油当量，未探明储量为 8660 亿桶石油当量，最终可开采量为 2.57 万亿桶石油当量，仅比原油最终可开采量少约 15%。所有上述数字仅指常规天然气资源，数十年来，煤层气是唯一被开采过的非常规天然气资源，但自 2005 年以来，美国开始开采页岩气。截至 2015 年，页岩气产量增加了 50%，这表明水力压裂法既能改变天然气行业，也能改变原油开采方式。据美国能源信息署估计，虽未探明但从技术角度而言可开采的页岩气资源超过 210 万亿立方米，略高于现有常规天然气储量。页岩气潜在储量最大的国家包括中国、阿根廷、阿尔及利亚、美国、加拿大和墨西哥。

尽管页岩气资源可能很丰富，但与甲烷水合物（络合物）相比，页岩气就显得小巫见大巫了。甲烷水合物是由产甲烷菌对有机沉积物进行缺氧分解后释放出来的气体形成的,这些气体被锁在结冰水分子的笼状结晶中。完全饱和的甲烷水合物的每个甲烷分子周围有5.75个水分子,因此,1立方米的水合物中含有多达164立方米的甲烷。两种环境有利于甲烷水合物的形成:深度在100米~2.5千米的极地大陆沉积物和高纬度海床下面的沉积物。目前,全球已发现200多处气体水合物矿床,包括俄罗斯、美国和加拿大北极地区、加利福尼亚和危地马拉附近海域,以及日本南海海槽。海槽的深度约为4700米,人们在海底4800米以下发现了气体水合物。甲烷水合物资源基数庞大,现在只能大致估算其规模,但即使是非常保守的估计,也能看出现有甲烷水合物资源极其丰富。全球甲烷水合物总量可能高达10万亿吨,大约是煤炭和常规碳氢化合物中所有碳储量的2倍,而美国沿海水域海床下方的水合物储量可能比该国常规天然气储量高出3个数量级。

加拿大在2001年和2002年首次小规模试产甲烷水合物(减压和加热),可由于页岩气供应量充足,甲烷水合物的生产就没有了下文;2013年,日本尝试开采南海海槽的甲烷水合物,起初产量颇丰,但不久气泵就被流入的沙子堵塞住了;后来中国于2017年在南海成功地进行了甲烷水合物开采试验。商业开采不会在短期内出现突破。在对甲烷水合物进行大规模开采时,人们都必须考虑到一部分甲烷水合物从沉积层突然释放到大气从而造成生态灾难的可能性。此外,甲烷是造成人为温室气体排放的最主要化学物质,而甲烷带来的这种后果是我们最不愿意看到的。虽然存在上述难题,但我们很难以此为理由,把甲烷水合物这一庞大资源排除在未来碳氢化合物的主要来源之外,甚至到21世纪中叶,我们也不能这样做。这就好比在1930年时,我们不应该认为从近海油田开采石油是不可能实现的,也好比我们在1950年时不应该认定人类永远不会从页岩中开采石油或天然气。

人们只要加大天然气使用频率，就可以降低很多经济领域对原油的依赖程度。储量丰富和价格低廉的天然气能够促使发电行业和室内供暖行业放弃目前正在采用的原油和精炼油产品；人们可以轻而易举地将城市道路上行驶的车辆转变成使用压缩天然气的出行工具；卡车和液化天然气卡车可以靠液化天然气提供动力；很多依靠精炼油产品进行生产过程加热或水加热的工业企业可以转而使用天然气，以提高生产效率或热效率。高效的联合循环燃气涡轮可以将燃气转化为电力，为电动汽车提供动力，并且能够将燃气发电与可再生的太阳能及风力发电结合起来，从而降低发电成本。与此同时，我们正面临着一个更大的挑战，即我们必须进一步减少并最终消除我们在航运和航空领域对精制燃料的依赖。

正因为如此，我们在对石油的未来做任何长期评估时，都必须同时考虑到供应端的前景和需求端的必要性。谈到石油的供应，我们仍拥有大得惊人而且仍在持续增长的常规原油储量，至少与页岩中的石油和天然气的技术可采储量一样大，但也可能大得多。此外，我们的天然气合成油能力也在不断提高，这就意味着到21世纪中叶以后，即使我们在甲烷水合物开采方面没有实现早期突破，碳氢化合物仍会在全球商用能源供应中占据主要地位。在需求方面，精炼油产品的很多现有用途可以被天然气或一次能源（即可再生能源）产生的电能所取代，但在2050年之前，全球汽车和卡车不太可能放弃使用汽油和柴油，而航运和空运行业更加不太可能淘汰柴油和煤油。

已故的彼得·奥德尔（Peter Odell）生前是一位敏锐的石油行业观察家。2006年，在接受"欧佩克双年奖"时，奥德尔上台发表演讲，称事实很快就会证明石油顶峰理论支持者正在重复前人的错误；到

2050 年，石油和天然气在全球能源供应中所占的比例只会略有减少，而天然气将超过石油，成为一次性能源的主要来源。当时，我写文章对彼得的观点表示赞同，而十多年后，我仍然认为这样的结论是对世界能源未来最明智的定性预测。和往常一样，我不做任何具体的定量预测，因为类似长期预测不在我的能力范围之内。

能源转换的巨大代价与漫长过程

随着液态和气态以及常规和非常规碳氢化合物的重要性逐渐减弱（起先是相对意义上的减弱，然后是绝对意义上的减弱），可再生能源将在全球一次性能源供应中占据更大比例。生物质燃料包括从甘蔗中提取的乙醇以及从油籽中提取的生物柴油，它们已经取代了一些汽油和一小部分柴油。但是，未来不应属于目前得到大力推广但在许多方面仍存在问题的谷物合成乙醇（尤其是玉米合成的乙醇）和油籽生成的生物柴油，而应属于具有创新性的生物工程工艺。这种工艺能够将原料更充足的纤维素生物质变成燃油，包括以秸秆为主的、无需通过循环再利用来保持土壤质量的农作物残茬，以及种植在非农业用地上的多年生高产草本植物。

陆地和海上风力发电在全球发电量中的占比仍然很小（2016 年约为 4%），但在许多欧洲国家，风力发电已经取得长足进步。较大尺寸的涡轮（2016 年，风力涡轮机功率可达 8 兆瓦）和较高的风电场容量系数（一些海上风电场发电时间比可达 47%）将在未来多年里提高风力的发电量在全球发电量中的比例。2016 年，能够转化太阳能辐射的光伏发电系统所产生的电量在全球发电量中占比更小（仅 1% 多一点），但其诸多优点（安静、无运动部件、耐用、高功率密度）、不断下降的成本和不断提升的效率能够确保其在未来得到普及。虽然这两种发电方式似乎不利于扩大液体燃料的供应,但实际上,它们完全可以纳入可充电汽车系统,无论混合动力汽车还是纯电动汽车都很适合采用它们。

在温带地区,光伏发电具有波动性和不可预见性等特点。所以,对于可充电的插电式混合动力汽车而言,遇到的问题要比室内照明和工厂内运行机器要小,因为后者必须按需供电。相比之下,一辆汽车无论停在私家车库还是工作场所的停车场,只要有可再生电力就可以充电。

无论石油开采的实际速度是快还是慢,也无论从任何资源开采石油的年产量高峰期何时到来,我们都没有理由认为在"后石油时代",人类社会陷入难以克服的困境中,或者会面临经济和社会灾难。历史经验表明:能源转换一直是刺激技术进步(比如新的原动机、新材料和新能量转换器的发明)、促进创新(例如计算机给组织和管理领域带来了深刻变化)、提升效率(例如燃气涡轮取代了蒸汽机)、资源替代(比如18世纪末至19世纪,由于森林大面积消失,用煤炭制成的焦炭取代了木炭)的最重要因素之一。煤炭替代木材、石油替代大部分煤炭,以及如今天然气取代大部分石油,都是能源转换的成果,它们形成了现代工业和后工业文明,给人类社会的经济结构、生产力、组织和日常生活质量打上了深刻的印记。

毋庸置疑,目前正在进行的能源转换(其最终结果将是以非碳能源取代化石燃料)极具挑战性,这主要是因为我们对化石燃料的依赖程度高,同时我们为建设庞大的基础设施以促进非碳能源的安全使用所付出的成本也很高。导致能源转换充满挑战的另外一个原因在于,人们不仅在持续涌向城市,而且还在继续进入人口超过1000万的特大城市。放眼未来,我们不可能精确地说出人类完成划时代转变所需的新能源转化的进度以及完成时间或完成比例,非要给出一个具体数字只能适得其反。但我们能肯定一点:虽然小国家可以在几年内从一种主要能源形式向另一种能源形式转换,但能源转换的过程通常非常漫长,时间跨度长达几十年,而不是短短数年。从最初的商业推广到民众广泛接受,再到最终成为主导能源,能源转换的速度和最终成果都无法从其初期普及阶段的状况来判断。正因为这一转换过程是渐进的和长期的,从现在开始的两三代人才可以借助现有的技术手段为今天遇到的许多棘手问题寻找有效的解决办法。

从生物质到煤炭,从煤炭到石油,从石油到天然气,从燃料的直接使用到电能的使用,能源转换促进了人类社会的技术进步,并激发了我们的创造性。当然,能源转换也给能源生产者和消费者带来了巨大挑战,我们不得不报废或重组大量基础设施;能源转换过程旷日持久且成本很高,还会导致社会经济严重混乱,这些都是无法避免的。但是,它们也催生了更具创造性和更富裕的经济体,且现代社会并不会因为我们面临另一次大规模的能源转换而崩溃。想完全挣脱石油的束缚,我们还需要几代人的努力,但我们应该看到,通往那个时代的道路虽荆棘密布,却也回报丰厚并充满了机遇,因为现代文明终将摆脱对化石能源的依赖。

后记

2008年至今是石油工业史上少有的多事之秋：石油价格不断暴涨暴跌；石油生产技术有了显著进步；主要产油国和石油消费国受到新的经济现状影响；人们对全球环境前景的看法发生改变。《石油简史》深入研究了一些石油领域的重大变化，这些变化不仅影响着石油工业，还影响着石油在现代世界中的地位，尤其是在这个石油需求屡攀高峰的时候。如今，为了防止灾难性的全球变暖现象，我们必须加速全球能源的脱碳进程，迎来石油复兴和所谓的"石油终结"（即所谓的"让石油留在地下"的观念）的伟大时代。

《石油简史》并不是严格意义上的初学者指南。阅读这本书需要相当的基本科学素养（尤其是一定的计算能力）。能够从本书获益的读者不仅包括刚进入石油领域的人，还包括那些对于以石油为中心的大型行业的某一特定领域有深入了解的人。此外，如果有读者想更多地了解人类科学探索过程中属于跨学科课题的石油行业的其他方面的内容，本书也同样适合他们阅读。

本书罗列了大量数据，但我并不认为如此多的数据有何不妥，因为它们对于读者真正了解石油的来源、地质条件、勘探、开采、运输、加工、使用以及石油与社会和环境的联系有很大帮助。只有明白石油形成的具体时间跨度、深度、体积、持续时间、比率、累计总量、集中程度，以及石油的价格、补贴和成本等情况，我们才能对石油这种风靡全球的能源有深入了解。至于书中为数众多的技术术语，只要是首次出现，我都会或简要或详细地加以解释。所有计量单位及其缩略语都列在附录 A 中，附录 E 则提供了十几本参考书和几个包含了丰富信息的网站。

图表说明

除有特别说明外，本书所有图片都是位于温尼伯的邦斯设计公司制作的原创图片，书中表格则是根据各种（历史和最新）统计数字绘制的。

图 1.1	汽车时代的缔造者	第 10 页
图 1.2	1900—2015 年全球汽车保有量	第 12 页
图 1.3	1920—2015 年定期航线每年旅客周转总量呈指数级增长	第 21 页
图 1.4	1861—2016 年原油价格	第 29 页
图 1.5	1981—2015 年石油价格的逐年变化情况	第 44 页
表 1.1	盛产石油的中东地区社会发展程度较低	第 49 页
图 2.1	最常见的液态烷烃、环烷烃和芳烃的分子结构	第 69 页
表 2.1	地质时间表	第 74 页
图 2.2	球藻（也被称作"赫氏圆石藻"）和有孔虫目原生生物身上构造复杂的碳酸盐外壳	第 84 页
图 2.3	4 种常见的圈闭	第 89 页
图 2.4	世界最大油田加瓦尔岩层的东西横截面图及油田的范围	第 91 页
图 3.1	海洋地震勘探简图	第 102 页

227

图 3.2	一幅描绘中国古代用竹井架进行冲击钻探的技术的清代画作	第 109 页
图 3.3	现代旋转式钻机	第 111 页
图 3.4	两款牙轮钻头	第 114 页
图 3.5	定向钻井和水平钻井	第 125 页
图 3.6	1886 年,位于巴库地区的一片木制石油井架	第 130 页
图 3.7	2015 年的世界地图简图,显示出各个国家和各大陆的大小与其常规石油储量成正比	第 137 页
图 3.8	1945—2015 年全球原油储采比	第 140 页
图 4.1	"采油树"井口装置	第 148 页
图 4.2	位于墨西哥湾的乌尔萨采油平台	第 158 页
图 4.3	1859—2015 年全球石油产量	第 162 页
图 4.4	"岩手山"是一艘由三井工程造船公司于 2003 年建造的 30 万吨双壳体巨型油轮	第 172 页
图 4.5	现代炼油厂的产品制造流程简化图	第 180 页
图 5.1	1900—2015 年全球一次性能源占比图	第 193 页
图 5.2	哈伯特(Hubbert)对美国石油产量达到顶峰后随即下降的预测,以及 1970—2016 年美国石油实际开采量	第 200 页
图 5.3	21 世纪可能出现的全球石油产量曲线	第 205 页
图 5.4	从油砂岩中开采石油:蒸汽吞吐技术和蒸汽辅助重力驱油技术	第 213 页

附录A 计量单位、缩写、定义和换算

b	桶	体积单位	1桶等于42加仑或158.98升
bpd	桶/天		
c	厘，百分之一	表示倍数的前缀	10^{-2}
dwt	载重吨	容量单位	1载重吨等于1 016千克
ft	英尺	长度单位	1英尺等于0.3米
m^3	立方米	体积单位	1立方米等于1000升或264.17加仑
g	克	质量单位	
G	十亿	表示倍数的前缀	10^9
gal	加仑（美制）	体积单位	1加仑等于3.785升
Gb	十亿桶		
Gboe	十亿桶石油当量		
Gt	十亿吨		
hp	英制马力	传统功率单位	1英制马力等于745.7瓦
in	英寸	长度单位	1英寸等于2.5厘米
J	焦耳	能量单位	
k	千	表示倍数的前缀	10^3

L	升	容量单位	1升等于1000毫升或0.001立方米
Mbpd	百万桶/天		
MPa	兆帕		
mile	英里		1英里等于1069.3米
Mt	百万吨		
Pa	帕斯卡	压力单位	
t	吨（公吨）	质量单位	1吨等于1000千克
T	万亿	倍数前缀	10^{12}
Tt	万亿吨		
W	瓦特	功率单位	
Ω·m	欧姆·米	功率单位，电阻率单位	

附录 B　石油的基本性能和计量单位

冲积扇	河流在平地沉积下来的散乱岩屑
无烟煤	优质煤，几乎是纯碳
背斜结构	层状岩石的凸出（拱状）褶皱
生物质燃料	衍生自植物的燃料，包括木材、木炭、农作物残茬（主要是秸秆）、干粪和沼气
井底钻具组合	钻柱下部组件，（从下往上）由钻头、钻环、重型钻杆和连通管组成
石炭纪	距今 3.59 亿至 2.99 亿年前，以煤沉积层而闻名
退化	碳氢化合物中有机油母质的转化过程
新生代	距今 6600 万年前
压缩比	发动机气缸内最大容量气体和最小容量气体体积的比值，也就是活塞在冲程顶部时的气体体积与活塞在冲程底部时的气体体积之比
白垩纪	距今 1.45 亿至 6600 万年前，属于中生代的一部分，以巨型恐龙著称
井架	一种金字塔结构，用以支撑滑轮组（定滑轮）和钻机的钻柱

底辟结构	由物质向上流入易碎围岩而形成的一种地质构造
钻杆	空心薄壁钢管,用于油气勘探和开采
预计最终可开采量	可从某个油井或油田开采的石油或天然气的总量
压裂法	请参照"水力压裂法"
水力压裂法	将加压流体(主要是水和沙子)泵入井筒,使围岩破裂,促进油气开采
碳氢化合物	原油和天然气所含碳氢化合物的统称
氢碳比	化合物中氢原子和碳原子的比值。如果碳氢比高,化合物燃烧后就会释放出更多能量
感应测井	对钻孔的地层电阻率进行测量
侏罗纪	属于中生代的一部分,距今 2.01 亿至 1.45 亿年前
方钻杆	一种长条形的钢筋(截面呈六角形或方形,中间有孔),用来将转盘的旋转力传递到钻柱上
油母质	沉积岩中的重质有机物,不溶于有机溶剂
褐煤	含大量水和灰的劣质煤

附录 C 简短术语表

由于石油成分存在差异，所以其密度大多在 0.8～0.9 克/毫升，但最低值和最高值可分别达到 0.74 克/毫升和 1.04 克/毫升，或者可以说它轻如汽油，以及比水略重一点儿。换句话说，石油行业中常用的标准非公制体积计量单位"桶"并没有单一的质量当量。桶这种容器始自 19 世纪，1 桶的容积等于 42 美制加仑（约 159 升）。它于 1872 年被美国人口普查局所采用（US Bureau of the Census），此后在世界范围内被用于石油生产统计和石油资源评估；它常见的缩写是 bbl（蓝桶）或 b（我在本书中使用后者）。对于重质原油而言，大约 6 桶油就等于 1 吨，而轻质原油需要多达 8.5 桶才能达到 1 吨；绝大多数原油每吨介于 7～7.5 桶，而每吨 7.33 桶是最常用的平均值。由于国际石油产量和储量继续以桶为计量单位，所以我将使用科学的前缀缩写来表示其倍数（M 表示百万，G 表示十亿，T 表示万亿）。以桶为单位的原油日产量将缩写为 bpd，即桶/天。

桶不是石油行业使用的唯一非公制单位。美国原油密度以美国石油学会重力指标 $C°API$ 为量度，该量度利用原油与水的密度计算满足以下通用公式：°API=（141.5/相对密度）–131.5。可通过°API与水做比较，以判断原油类型。

当原油密度与水相等时，°API = 10。一般原油可按°API ≥ 32 时为轻质原油、°API = 20 ~ 30 时为中质原油、°API = 10 ~ 20 时为重质原油，°API < 10 时为特重原油。

全球贸易中的原油大多为中等密度油或中等轻质原油。沙特产原油的°API大多介于28至33，产自科威特最大油田的原油的°API略高于23，而产自伊拉克南部城市巴士拉的原油的°API约为25。产自阿拉斯加北坡的原油的°API为29，而北海布伦特原油的°API约为38。产自利比亚、阿尔及利亚和尼日利亚的一些原油非常轻，°API介于37至44。国际贸易中最轻的原油产自澳大利亚的西北大陆架，其°API为60。价格是原油密度最明显的体现，一般来说，原油越轻（即°API越高），其价格就越高。

附录D 作者的主要作品

Energy and Civilization: A History , The MIT Press, 2017.

Natural Gas: Fuel for the 21st Century, Wiley, 2015.

Power Density: A Key to Understanding Energy Sources and Uses, The MIT Press, 2015.

Making the Modern World: Materials and Dematerialization , Wiley, 2013.

Made in the USA: The Rise and Retreat of American Manufacturing , The MIT Press, 2013.

Should We Eat Meat? Evolution and Consequences of Modern Carnivory, Wiley, 2013.

Harvesting the Biosphere; What We Have Taken from Nature, The MIT Press, 2013.

Japan's Dietary Transition and Its Impacts, The MIT Press, 2012.

Prime Movers of Globalization: The History and Impact of

Diesel Engines and Gas Turbines, The MIT Press Cambridge, 2010.

Energy Myths and Realities: Bringing Science to the Energy Policy Debate, The AEI Press, Washington, D.C., 2010.

Energy Transitions: History, Requirements, Prospects, Praeger Santa Barabara, CA, 2010.

Why America is Not a New Rome, MIT Press Cambridge, 2010.

Global Catastrophes and Trends: The Next Fifty Years, The MIT Press, Cambridge, 2008.

Energy in Nature and Society: General Energetics of Complex Systems, The MIT Press, Cambridge, 2008.

Energy: A Beginner's Guide, Oneworld Publications, 2006.

Transforming the Twentieth Century: Technical Innovations and Their Consequences, Oxford University Press, New York, 2006.

Creating the Twentieth Century: Technical Innovations of 1867-1914 and Their Lasting Impact, Oxford University Press, New York, 2005.

China's Past, China's Future, RoutledgeCurzon, New York et Londres, 2004.

The Earth's Biosphere: Evolution, Dynamics and Change, The MIT Press, Cambridge, 2002.

Enriching the Earth: Fritz Haber, Carl Bosch and the Transformation of World Food Production, The MIT Press, Cambridge, 2001.

Feeding the World: A Challenge for the 21st Century, The MIT Press, Cambridge, 2000.

Cycles of Life: Civilization and the Biosphere, Scientific American Library, New York, 2000.

Energies: An Illustrated Guide to the Biosphere and Civilization, The MIT Press, Cambridge, 1998.

Energy in World History, Westview Press, Boulder, 1994.

China's Environment: An Inquiry into the Limits of National Development, M. E. Sharpe, Armonk, 1993.

Global Ecology: Environmental Change and Social Flexibility, Routledge, London, 1993.

General Energetics: Energy in the Biosphere and Civilization, John Wiley, New York, 1991.

Energy in China's Modernization, M.E. Sharpe, Armonk, 1998.

Energy Food Environment: Realities Myths Options, Oxford University Press, Oxford, 1987.

Carbon Nitrogen Sulfur: Human Interference in Grand Biospheric Cycles, Plenum Press, New York, 1985.

The Bad Earth: Environmental Degradation in China, M.E. Sharpe, Armonk, 1984.

Biomass Energies: Resources, Links, Constraints, Plenum Press, New York, 1983.

Energy Analysis in Agriculture: An Application to U.S. Corn Production, Westview Press, Boulder, 1982.

Energy in the Developing World, Oxford University Press, Oxford,1980.

China's Energy: Achievements, Problems, Prospects, Praeger Publishers, New York,1976.

附录E 参考书目及网站

Books General

Bridge, G. and P. Le Billon. 2013. *Oil. Cambridge*: Polity Press.

Maugeri, L. 2006. *The Age of Oil:The Mythology, History, and Future of the World's Most Controversial Resource*. Westport, CT: Praeger Publishers.

Yergin, D. 2012. *The Quest: Energy, Security, and the Remaking of the Modern World*. New York: Penguin.

Geology and resources

Ahlbrandt,T. S. et al. 2005. *Global Resource Estimates from Total Petroleum Systems*.Tulsa, OK: American Association of

Petroleum Geologists.

Li, G. 2011. *WorldAtlas of Oil and Gas Basins*. Chichester: Wiley-Blackwell.

Selley, R. C. 1997. *Elements of Petroleum Geology*. San Diego, CA: Academic Press.

History of oil industry

Brantly, J. E. 1971. *History of Oil Well Drilling*. Houston, TX: Gulf Publishing.

Howard, R. 2008. *The Oil Hunters: Exploration and Espionage in the Middle East*. London: Hambledon Continuum.

Yergin, D. 2008. *The Prize: The Epic Quest for Oil, Money and Power*. New York: Free Press.

Oil market and prices

Aguilera, R. F. and M. Radetzki. 2015. *The Price of Oil*. Cambridge: Cambridge University Press.

Cordesman, A. H. and K. R. al-Rodhan. 2006. *The Global Oil Market: Risks and Uncertainties*. Washington, DC: CSIS Press.

Marcel, V. 2006. *Oil Titans: National Oil Companies in the Middle East*. London: Chatham House.

OPEC

Ghanem, S. M. 2016. OPEC: *The Rise and Fall of an Exclusive Club*. London: Routledge.

OPEC. 2017. *Annual Statistical Bulletin*. Vienna: OPEC.

Ramady, M. and W. Mahdi. 2017. *OPEC in a Shale Oil World: Where to Next?* Berlin: Springer Verlag.

Peak oil

Campbell, C. J. 2005. *Oil Crisis*. Brentwood: Multi-Science Publishing.

Deffeyes, K. S. 2001. *Hubbert's Peak: The Impending World Oil Shortage*. Princeton, NJ: Princeton University Press.

Lynch, M. C. 2016. *The 'Peak Oil' Scare and the Coming Oil Flood*. Santa Barbara, CA: Praeger.

Hydraulic fracturing

Drogos, D. L., ed. 2016. *Hydraulic Fracturing: Environmental Issues*. Oxford: Oxford University Press.

Gold, R. 2014. *The Boom: How Fracking Ignited the American Energy Revolution and Changed the World*. New York: Simon & Schuster.

Smith, M. B. and C. Montgomery. 2015. *Hydraulic Fracturing*. Boca Raton, FL: CRC Press.

Future of oil

Odell, P. R. 2004. *Why Carbon Fuels Will Dominate the 21st Century's Global Energy Economy*. Brentwood: Multi-Science Publishing.

Olah, G.A., Goeppert,A. and G. K. S. Prakash. 2006. *Beyond Oil and Gas: The Methanol Economy*.Weinheim:Wiley-VCH.

Smil,V. 2017. *Energy Transitions: National and Global Perspectives*. Santa Barbara, CA: Praeger.

Websites

American Association of Petroleum Geologists: www.aapg.org

American Petroleum Institute: www.api.org

British Petroleum: www.bp.com

British Petroleum Statistical Review of World Energy: www.bp.com Canadian Association of Petroleum Producers: www.capp.ca Chevron Corporation: www.chevron.com

Exxon Mobil: www.exxonmobil.com OPEC: www.opec.org

Platts Oil: www.platts.com Rosneft: www.rosneft.com

Royal Dutch Shell: www.shell.com Saudi Aramco: www.

saudiaramco.com Schlumberger: www.slb.com

Schlumberger Oilfield Glossary: www.glossary.oilfield.slb.com

US Energy Information Administration, international statistics: www. eia.doe.gov

World Oil: www.worldoil.com

 ✕ **READING YOUR LIFE**

人与知识的美好链接

近20年来,中资海派陪伴数百万读者在阅读中收获更好的事业、更多的财富、更美满的生活和更和谐的人际关系,拓展他们的视界,见证他们的成长和进步。

现在,我们可以通过电子书、有声书、视频解读和线上线下读书会等更多方式,给你提供更周到的阅读服务。

微信搜一搜
海派阅读

关注**海派阅读**,随时了解更多更全的图书及活动资讯,获取更多优惠惊喜。还可以把你的阅读需求和建议告诉我们,认识更多志同道合的书友。让海派君陪你,在阅读中一起成长。

也可以通过以下方式与我们取得联系:

- 采购热线:18926056206 / 18926056062
- 投稿请至:szmiss@126.com
- 服务热线:0755-25970306
- 新浪微博:中资海派图书

更多精彩请访问中资海派官网　www.hpbook.com.cn